大夏书系·语文之道

相遇语文好课
好学好用的课堂教学艺术

王益民 著

华东师范大学出版社

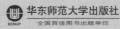

全国百佳图书出版单位

目录

序：名师是在课堂里生长的（顾之川）/ 001

理念篇　好课是怎样炼成的

　　　　解码好课：语文好课质素的特征 / 003

　　　　求索好课：最好的课堂，到底长啥样? / 025

　　　　磨砺好课：好课的孵化、出壳与成长 / 032

　　　　读懂好课：我是这样品悟好课课例的 / 038

实践篇　好课的应有样态

　　　　可以这样教《穿井得一人》/ 053

　　　　【课堂实录】《穿井得一人》，可以这样"玩" / 053

　　　　【教后反思】文言文，为什么要这样"玩"？ / 060

　　　　【现场感受】狂妄不自知，自知以明智 / 062

　　　　【专家点评】智教·乐学·生长 / 064

可以这样教《秋颂》/ 067

【课堂实录】《秋颂》：从散文诗到诗歌 / 067

【教后反思】一起写一首秋天的诗 / 072

【现场感受】师生共舞三色"秋之韵" / 075

【专家点评】语文课堂，美在一分明澈 / 080

可以这样教《写"豆腐干"文章》/ 085

【课堂实录】融于活动的写作实践 / 085

【教后反思】作文："在捕鱼中学会捕鱼" / 092

【现场感受】以课例看特级教师"特"在哪里 / 096

【专家点评】作文教学：必须作用于学生的写作过程 / 098

可以这样教《松树金龟子》/ 106

【课堂实录】《松树金龟子》：科学与诗 / 106

【教后反思】教学内容转化为教学设计的三个策略 / 111

【现场感受】简约的设计，丰富的活动 / 114

【专家点评】追求"科学与诗"的说明文教学境界 / 117

可以这样教《乡愁》/ 124

【课堂实录】咂摸《乡愁》/ 124

【教后反思】"余"音绕梁的"乡愁"/ 133

【现场感受】与孩子们一起煨出乡愁的滋味 / 140

【专家点评】款款地浸入诗境，细细地咂摸情韵 / 144

可以这样教《事物的正确答案不止一个》/ 150

【课堂实录】《事物的正确答案不止一个》的逻辑 / 150

【教后反思】议论文教学，先从结构开始 / 156

【现场感受】议论文的知识习得中建构 / 158

【专家点评】议论文教学可以这样"启蒙"/ 162

可以这样教《背影》/ 165

【课堂实录】还原一段父子真爱 / 165

【教后反思】语文课要"贴着学生飞"/ 173

【现场感受】一堂值得玩味的语文课 / 181

【专家点评】教出语文的宽度、温度和深度 / 183

可以这样教《沁园春·雪》/ *189*

【课堂实录】朗读涵泳滋味长 / *189*

【教后反思】朗读教学的复调音乐风貌特征 / *196*

【现场感受】放低姿态，刹那花开 / *198*

【专家点评】意味深长的简单 / *200*

可以这样教《父母的心》/ *207*

【课堂实录】用心、用情体悟父母的心 / *207*

【教后反思】补白、还原：千回百折的《父母的心》/ *215*

【现场感受】听王老师《父母的心》的四点收获 / *221*

【专家点评】情节：百转千回的父母之爱 / *223*

后　　记 / *227*

序：名师是在课堂里生长的

江苏省镇江市外国语学校语文特级教师王益民是"苏语五人行"成员。"苏语五人行"是由刘恩樵、丁卫军、王益民、柳咏梅、梁增红五位江苏语文老师自发成立的语文公益组织。他们不定期开展活动，或对坐饮壶觞，把酒论语文；或讲述成长经历，分享教学智慧。在2015年"中语会"工作会议上，我特别邀请他们介绍在行走中共同成长的经验，并推荐他们为《中国教师报》评选的"2015年度好教师"。所以，当王益民老师要我为他的新书《相遇语文好课——好学好用的课堂教学艺术》写序时，我当仁不让，欣然应允。

一线名师出版自己的课堂作品具有非常重要的意义。课堂是课程的实验田，也是语文教师的大舞台。本书由好课的"课理"与九个"课例"构成。前者是王老师对语文好课教学实践的归纳提炼，是在课堂里生长出来的语文教学理论，四篇"长文"，或曰好课的质素及特征，或曰理想的好课的特征，或曰好课是如何诞生的，或曰好课如何去品读，用例经典、语言质朴、可读性强。后者则是他在各地展示的公开课，具有较强的真实性和现场感。"课理"是"课例"的逻辑起点，"课例"是"课理"的实践样本，二者是紧密结合在一起的。

王老师说，课堂是一种"相遇"，与文本、与作者、与教学、与教育、与儿童的相遇，是一种精神的际会，其中有无限的美好与别样的风景。翻看这本书，让我仿佛回到了从前的课堂。我一直在想，课堂不是老师的舞台，也不是学生的舞台，更不是师生的"秀场"，而是师生生命共同成长的学习时空。课堂的意义在于"将成"，而不是"既成"；课堂上最重要的不是"解答"问题，而是"解决"问题。通过这些"课理"和"课例"，我们可以看出王老师课堂教学的以下特点：

一、关注语言运用

语言文字运用，是语文教学改革的根本点和出发点。语文课程就是学习正确理解和熟练运用祖国语言文字的课程。语文教学必须教学生切切实实地在训练中学会使用语文知识，培养运用祖国语言文字的能力。书中课例有许多精彩的课堂细节，无不着眼于语言文字的运用。即使是作文课，王老师也是紧紧抓住了语言，真正体现了工具性与人文性的相融相生。

二、强调文体特征

文学上有"形式决定内容"一说，语文课也要体现课文文本的"形式"特征，即文体。王老师指出：散文有散文的学习方法，朱自清散文有朱自清散文的学习方法，《背影》有《背影》的学习方法。《穿井得一人》要紧紧抓住"寓言"的文体特征进行教学。《松树金龟子》是说明文，就要紧紧围绕"这一篇"的语言特色来学习。

三、文化底蕴深厚

好的语文老师一定是有使命感的文化人。《乡愁》中浓郁的思乡之情，《背影》《父母的心》中父母之爱的百转千结……这些丰富厚重的人文底蕴无疑体现了语文教育立德树人、以文化人的独特教育功能，同时也让课型变得丰富起来，这恰是语文的魅力所在。

四、注重方法点拨

王老师的教学特别注重语文学习方法，注意引导学生掌握语文学习的方法，从而让学生养成自学语文的良好习惯。如《乡愁》的教学强调学生的"倾听"，并引导学生做笔记；《松树金龟子》的教学从细读课文"注释"开始；《沁园春·雪》的教学注重朗读指导，注重"涵泳"；等等。这些都体现了学习方法的提示和点拨。

五、课堂结构严谨

好的语文课应该是一篇主题突出、结构严谨的好文章,甚至是一首好诗。《秋颂》的教学从分析描写了哪些景物开始,接着寻找关键词,将这些意象组成一首诗歌,然后由景及人,层层推进。与其说这是散文《秋颂》的教学,毋宁说是新诗创作的过程。

好课是有气质的。本书既有语文本体内容的展示,也有教学方法的示范,还有语文课程观的升华。作者的反思讲述着这些课例"炼"的过程;听课老师的现场感受引领读者走进课堂,浏览别样"风景";语文名师的评课则能使我们进一步读懂课堂,感受课堂气质。相信本书会给读者多方面的启发。

语文教育是启迪心灵的学问,对立德树人意义重大。语文教师的专业发展,一定是立足于课堂的,通过一节节课,体现课改理念,表达文本理解,彰显教学智慧,展示个性特色。正如王老师所说,真正意义上的好课是你用生命把文本、作者、学生、课程标准一起放在心中,然后慢慢地"悟"出来的。换句话说,名师不是"说出来"的,更不是"捧出来"的,而是扎扎实实"做出来"的,是在课堂的肥田沃土里生长出来的。

语文教师的专业成长不靠天,不靠地,全靠自身。一个优秀的语文教师,总是善于总结教学经验,把握教学规律,反思教学得失,更新专业知识,提升教育理论。最重要的,是要有教育的理想、情怀和品质,用中华优秀传统文化哺育具有中国气质、中国精神、中国思维的新一代中国人。

顾之川

2017 年 10 月 20 日

(人民教育出版社编审,课程教材研究所研究员,兼任中国教育学会中学语文教学专业委员会理事长)

理念篇
好课是怎样炼成的

- 解码好课：语文好课质素的特征
- 求索好课：最好的课堂，到底长啥样？
- 磨砺好课：好课的孵化、出壳与成长
- 读懂好课：我是这样品悟好课课例的

解码好课：语文好课质素的特征

有人说，自己只会上课，不会写作；还有人说，自己论文还不错，上课不行。前者有可能成为好教师，后者恐怕要改行了。日本当代著名教育家佐藤学说："我的教室之旅已经持续了23年，迄今为止，访问的国内外学校有1500多所，听课超过10000节。没有一次失望的记忆。"① 这是令人震撼的数字，也给众多研究者和实践者带去了羞愧与新的出发。他还说："教师的研究成果并不是靠论文表现出来；显示教师研究成果的唯一表征就是课堂事实。"② 同样的意思，还有这样一句话："一年内未向同僚公开自己的课堂，并坦然接受评论的教师不配做教师，无论他的教学实践有多出色。"③

关注课堂，自然就要关注好课。那么，什么是好课呢？崔允漷在《有效教学》一书中有句话特别经典：(有效教学)就是"教得有效、学得愉快、考得满意"。④ 这句话指出了有效教学的三个维度："教""学""考"。我们不妨也从这三个要素来诠释好课。

南京师范大学黄伟教授等认为，从"教"与"学"的关系上看，课堂教学经历了四种模式：一是"先教后学，随教而学"；二是"少教多学，教以导学"；三是"自学自理，教以辅学"；四是"先学后教，以学定教"。⑤

---

① [日] 佐藤学. 教师的挑战：宁静的课堂革命 [M]. 钟启泉，等，译. 上海：华东师范大学出版社，2012.
② 同上.
③ 同上.
④ 崔允漷. 有效教学 [M]. 上海：华东师范大学出版社，2009.
⑤ 黄伟，焦强磊. 基于教学关系的课堂教学模式变革 [J]. 课程·教材·教法，2016（3）.

对于"教"和"学"主体性的认识，是区别传统课堂与现代课堂的重要标志，以"教"为中心是传统课堂，以"学"为中心是现代课堂，但这是"二元论"，"教"与"学"应该是互动生成的关系。中世纪以来，西方的教学方法一直交织着两种方法：一种以"教"为中心，以赫尔巴特为代表；一种以"学"为中心，以杜威为代表。我国的教学思想走过了"学—教—学"的发展轨迹。《论语》有64个"学"，7个"教"。[①] 凯洛夫的行为主义还在统治我们的课堂，以"学"为主导的建构主义走得太慢。这里还有一个"考"的问题，"满意"不在于考了第一名，而在于每个学生都成长了。在"教""学""考"中会有"学生立场"问题，这是一个谁是"主体"的问题。

所以，好课一定是有效的、优质的课，是提升学生语文核心素养的课。关于好课，各地、各校都有一些所谓的"标准"，一些教学论专家也有自己的"真知灼见"，每人心中亦有自己的标准。我以为，真正意义上的好课是你用生命把文本、作者、学生、课程标准一起放在心中，然后慢慢地"焐"出来的。好课标准虽不一而足，但里面总有一些共性的东西，我谓之"质素"的特征，也就是好课成分的特征。如，（文本）解读、学情、目标、问题（设计）、对话、生成、合作（小组合作学习）、质疑、结课、爱意等所具有的特征。这里暂时告别语文本体知识，仅从教学论的角度来观照语文课堂。

华东师范大学钟启泉教授说："学校改革的核心在课堂。""读懂课堂，是每一位教师成长的标识。""读懂课堂，将使教师的教育生涯拥有时代的价值和专业的智慧。"[②] 那么，我们"读懂课堂"，读懂语文课堂，就从读懂语文课堂的质素的特征开始吧！

一、解读——由学情而定、随课堂而动

2014年年底开始，中学语文界围绕著名特级教师韩军老师的朱自清的《背影》课例有一场旷日持久的争论，先是2014年第29期《语文教学通讯》

[①] 丁念金.人性的力量[M].福州：福建教育出版社，2011.
[②] 钟启泉.读懂课堂[M].上海：华东师范大学出版社，2015.

B 刊发表了四川师范大学李华平教授的《迷失在学科丛林里的语文课》，再是韩军用《三位教授的七大硬伤》"迎战"，2015 年《语文教学通讯》B 刊第 17 期又有一组文章在"争鸣"。据说私下的"争论"更是激烈，已经快成"争吵"了。2016 年 5 月，随着孙绍振教授《主观强制性阐释的混乱——谈韩军对〈背影〉的解读》一文的发表，硝烟再起……

双方争执的焦点是《背影》是否可以解读为"生之背、死之影"，是否能上升到生命与哲学的高度。韩军的课是在解构《背影》，李华平则主张课堂要有"学生立场"。

听过一节语文课，整堂课学生"小手如林、小脸通红、小嘴不停"，课堂达成度看起来很高、很热闹。我在评课的时候，提出了"这节课如果不上可以吗"的疑问。某位老师中考前上了一节试卷讲评课，巩固性练习的都是中考压轴题，我说：你这节课只有 20% 的孩子听懂了。这两位老师，要么是"浅"了，要么是"深"了，而关照"学情"是课堂的常识。江苏省洋思中学的老校长蔡林森有一个著名的观点："学生会的坚决不教！"其实，教了还不会的也要坚决不教！

北京大学曹文轩教授的《草房子》，小学生读出的是"好玩"的故事情节，中学生读出的是儿童成长的欢悦、烦恼与阵痛。作为语文老师，可以将其当作教育哲学来读，读出"草房子"人性、自然、温暖的生命的空间正无奈地淡出我们的视线，而表现出感性、柔美、易碎的另一面。这应了一句话："少年读书，如隙中窥月；中年读书，如庭中望月；老年读书，如台上玩月。"

那么，什么是解读的"学生立场"呢？"最近发展区"是维果茨基的观点，对此，中国人说得更形象，"跳一跳能摘到桃子"，这就是"学生立场"。

文本的解读，有一个"吃透教材"的问题：年轻老师容易"吃而不透"，这里有专业知识的问题，也有忽略学生的问题；老教师呢，容易"透而不吃"，自以为教材很熟，抛弃教材、抛弃学生。

所以，文本的解读，老师要深一点、再深一点；课堂，要离学生近一点、再近一点。

文本的解读一般有"四种眼光"：作者眼光、读者眼光、教师眼光、学生眼光。"作者眼光"是作者本意;"读者眼光"重在解构;"学生眼光"主要是体验;而"教师眼光",是为发现文本的教学价值。

如《背影》是"课文经典",却不是"文学或文化的经典"。不加区别,易进入误区。郑桂华教授认为,《背影》作为"课文经典",有"父子情深"的主流价值,具有记叙文(或散文)的典型文体特征,具有一类文章的公共知识,如"以小见大""前呼后应""扣题"等,且这些公共知识容易辨认。①

对于文本解读,作为一名读者,你要"深深地"走进文本,那里是你精神的牧场,你在关注"文";作为一名教师,你要"浅浅地"走进文本、设计课案,你要绘制通往桃花源的最佳途径,你在关注"课";作为课堂的合作者,你"或深或浅"地走进文本,贴着学生飞,时高时低、时快时慢……你在关注"人"。

二、学情——以学定教、以学定"学"

著名特级教师李镇西很少在外面上公开课,原因据他自己说是"借班上课"对于学生不了解,他更愿意和自己的学生把一节节"家常课"上成公开课。有些所谓名师,公开课不太理想,就埋怨"借班上课"的学生"不配合"。有一次,课题组活动,用的是我校学生,我自以为对"学情"很了解,课前"没有见面",结果课堂的前十分钟十分沉闷。这里就有一个"学情"把握的问题。

所以,很多人上公开课,总是尽可能了解学生的基本学习习惯和学习基础,课前再来个几分钟的"搭讪"。2015年暑期第十届"语文报杯"上,上海师范大学郑桂华教授教学生话筒的使用,还让学生猜一猜自己学生时代爱不爱发言,这种课前谈话十分智慧与实用。

有一种教学观为大家所公认,那就是"以学定教",洋思中学的"先学后教"、山东省杜郎口中学的"336"、江苏省东庐中学的"导学案",还有各地五花八门的"小组合作学习",其要义无非"以学定教"。按照维果茨基的

---

① 郑桂华. 经典作品与经典课文[J]. 上海师范大学学报(基础教育版),2010(6).

观点，学生有"现有发展区"与"最近发展区"两种发展水平，"先学"是基于"现有发展区"，"后教"是基于"最近发展区"。

福建师范大学余文森教授认为，"先学"具有三个特征：超前性、独立性、异步性。① 从时间上看，先学与预习是一样的。课前学习，有的学校甚至有的地区，统一制作了"导学案"，由三部分组成：预习案、课中案、课后案。预习案就是指导"先学"的，现在有"翻转"、有"微课"，纸质的"预习案"变得可视化，更受孩子们欢迎。

"独立性"是"先学"的本质特征，独立阅读文本、独立做笔记、独立完成预习案。"先学"提倡学生"大胆往前走"，区别于传统教学的"齐步走"，表现出"异步性"的特征，让一部分学生"先富起来"。这大概就是"因材施教"吧。

但有一种情况值得警惕："翻转课堂""教学案""预习"其实都在强调"先学"，但很多教师并不明白为什么要"先学"，也就更不明白"先学"后，课堂结构将会发生这样的改变——教师的"教"是以学生之前的"学"为依据的。如果还是传统的"检查预习"，语文课还是从字词、文学常识起步，"以学定教"就成了一句口号，成了论文中的"术语"。

于漪老师当年让学生预习是"三看（课文、注释、练习）、一查（字典）、一提问（疑问）"。笔者每课的"预习案"有四道题：抄写生字词、我的生字词、课文内容概括、每课一问。"每课一问"是学生独立阅读能力的滥觞。学生阅读文本后，不能提出自己的问题，这便是不具有独立阅读的能力的表现，这种能力关乎创新思维，要在日常的阅读中"习得"。一开始，学生的提问有的大而无当，如"表达了作者怎样的思想感情"。有的则非语文问题，如"为何韩愈始终怀才不遇"（《马说》），这是历史问题；"抗日战争时期，为什么美国和加拿大要援助中国"（《纪念白求恩》），这是政治问题；"敬业与乐业，哪个比较重要"（《敬业与乐业》），这是哲学问题。学生的"问题"呈现出四种层级：认识性问题、理解性问题、评价性问题、创造性问题。

---

① 余文森. 有效教学十讲［M］. 上海：华东师范大学出版社，2009.

那么，又为什么是"一问"，而不是"两问"或"多问"呢？因为这样才能让学生把"最有价值的问题"遴选出来。

"每课一问"在操作层面上一般有四个步骤：提问—阅问—议问—答问。四个步骤最重要的是"议问"，每次笔者会选五个"最有价值的问题"进入课堂讨论阶段，有的直接成为一堂课的主线索。如学习莫怀戚的《散步》，学生有五个"最有价值的问题"：（1）温馨的散文为什么以"母亲又熬过了一个酷冬"开头？（2）为什么田野、新绿、冬水会让人想起生命？（3）"这南方初春的原野！"为什么用感叹号？（4）为什么说"但我和妻子都是慢慢地，稳稳地，走得很仔细，好像我背上的同她背上的加起来，就是整个世界"？（5）为什么以"散步"为题，"浓浓的亲情"可以吗？

这五个问题涉及散文的情感、创作手法、细节描写等诸多方面。本次教学是典型的基于学情的教学，使学生的主体性得以体现，并使自己的课堂教学具有三个特征：一是针对性；二是参与性；三是开放性。

学情，远非"好班""差班"那么简单，也不是只在课堂开始的时候才关注，它是每个教学环节，甚至是每一个问题的教学的起点。总而言之，课堂要明了学情，"以学定教"，更要"以学定'学'"。

三、目标——具体、明确、集中

华东师范大学李政涛教授认为，好课是结构化的，在结构的顶端是教学目标。[①] 以前有一种"目标教学法"，把一节课围绕目标分成"示标、达标、测标、补标"四个部分。这有点过了，未免机械了，是知识本位，有一些目标可能无法检测，更有一些目标不是一节课所能达成的。但现在我们似乎又走向了另一个极端，在课堂里漫无目标地"溜冰"。

一天，一位名师很自得地把自己的《与朱元思书》的备课课件发给我，的确有很多创意，我问他：你的教学目标是什么，或者说你的学习目标是什么？他半天没说话。语文课，或者说人文学科，很容易忽视课堂结构中的"教学目标"。

---

① 李政涛. 教育常识［M］. 上海：华东师范大学出版社，2012.

目前，老师们对"教学目标"的错误处理大致可分为五大类型：第一种，置之不理型，根本就不写教学目标，认为没用，写了是给别人看的；第二种，照抄型，教学参考书上怎么写，我就怎么写；第三种，摆设型，为了保证教案的完整性，随便写上几句；第四种，先斩后奏型，先上课，后补教学目标；第五种，写教脱离型，每节课都还较认真地写，但写是写，教是教，写后不再去看。那么，写了就对吗？我们来看一个例子——

《马说》的教学目标：（1）知识与能力：积累文言词汇，疏通文义；培养文言语感，熟读成诵。（2）过程与方法：自读法、朗诵法、讨论法、练习法相结合；朗读训练与指导。（3）情感态度与价值观：体会作者在文中的感情；培养学生正确的人才观。

这里的目标有三个错误：一是割裂，知识目标、方法目标、情感目标，是你中有我，我中有你，如何就能分开？第二，不具体，是《马说》的目标，也可以看作是《爱莲说》的目标，甚至是所有文言文的目标。第三，大而无当，"培养学生正确的人才观"是这一课的目标吗？那倒简单了，几课一学，这个观、那个观都能全部搞定。

是否要"示标"，那倒不一定，但心中一定要有"标"。好的语文课，总是充满着生成，但无论怎样生成，都要围绕目标来进行，"万变不离其宗"说的就是这个道理。

科学类学科的知识目标是十分明确的，但人文类的目标受很多方面的制约。可能读者要问了：你的"每课一问"实践，是如何界定"教学目标"的？好像受制于学生的问题。我说：不是的，因为"最有价值的问题"的选择权在老师手上，选择的时候就要考虑文本的公共知识和课程目标了。

还有"每课一得"一说，也是在说教学目标，应该成为教学设计中目标界定的一种思维方式。总之，目标的确立有三个关键词：具体、明确、集中。

四、问题——主问题、问题链

课堂结构的第二个部分，也是主体部分，是课堂问题的预设。"凡事预则立，不预则废"，课堂教学是一种有目的、有意识的教育活动。问题的预设是课堂教学的基本特征。传统课堂过分强调了这种预设,但也有其合理性。

笔者执教《背影》一课时预设有这样几个问题:(1)读完《背影》,你感动了吗?(2)作者感动了吗?结合文中句子说说看。(3)作者当初(1917年)为什么不写《背影》,而要在八年后(1925年)才写?(4)1925年写好后,父亲1928年才看到的真实原因是什么?

2015年1月6日,浙江省永嘉县肖培东老师在镇江与另外四位名师同课异构《孔乙己》,他的问题预设是这样的:(1)你们记住了我的生日,孔乙己的生日记住了吗?若没有,那你们记住了孔乙己的什么?(2)孔乙己周边的人记住了孔乙己的什么?(3)他们真的记住孔乙己了吗?

这些课的"课线"都很清晰,问题看上去其实很平常,但在文字中去解决问题就让文学作品的教学显得不同寻常了。还应注意的是,这节课几个问题形成了"问题链",一节课的整体感因为"问题链"而表现了出来。

2015年5月,笔者去新疆送教,上的是宋濂的《送东阳马生序》,这是一篇文言文,有五个问题构成这节课的"问题链":(1)预习得如何?(2)中心句是哪一句?("盖余之勤且艰若此。")(3)"艰"在何处?(4)"勤"在哪里?(5)作者的写作目的是什么?

这个"问题链"有四个特征:一是低起点,从检查预习开始,还有一点小趣味。二是有主问题,即"艰"在何处与"勤"在哪里。三是有链条感,所谓环环相扣。四是有台阶感,拾阶而上。预习检查是为后面服务,找中心句引出第三、第四两个问题,这两个问题又为探明写作目的服务。这种缓坡向上的"问题链"符合学生的认知规律,也符合学生一节课的心理状态。

当然,现在也有人在探索非预设的教学,比如浙江的郑逸农老师一直倡导"非指示性教学",课堂教学目标完全现场生成,这种模式的最大弊端是让人担忧文本主体价值的流逝。佐藤学老师也曾说过:"尊重儿童的发言常常会造成意见的分散而忽略了关键内容的探究。"[1] 其实,只要我们认识到问

---

[1] [日]佐藤学.教师的挑战:宁静的课堂革命[M].钟启泉,等,译.上海:华东师范大学出版社,2012.

题，就不难找出解决的办法。任何模式，都不可能"包打天下"，文本的多样性和学生的个体学习特征也不允许有"一家独大"的模式存在。

一节好的语文课，单从"问题预设"的角度来看，最重要的有这样三件事：一是确立教材（文本）的重点并能将其"问题"化（"主问题"）；二是将"问题"转化为具体的学生活动；三是重视在知识的建构中完成思维品质的提升和情感的熏陶与唤醒。

五、对话——用追问去"理答"

课前做好了解读、了解了学情、确立了目标、设计了问题之后，进入课堂实施阶段了，课堂的实施是通过"对话"完成的。

"对话"不是"问答"，"问答"少了点学生立场，"对话"的基础是民主与平等，这对习惯了"师道尊严"的中国教师来说，有点难，但我们又无法回避，潮流如此。对话有多种形式，如师生对话、生生对话、生本对话、师本对话、自我对话，现在还有人机对话。但传统课堂只有单一化的师生问答。钟启泉将这几种对话形式进一步分类为：人与文本的对话（师本、生本），这是一种意义阐释性对话，是师生对话的前提；人与人的对话（师生、生生），是一种实践性对话，是合作性、建设性生成过程；自我对话，是个体对内在经验与外在世界的反思。[①] 三种对话既是线性的，又是交互的，其核心是彼此的倾听、言说，以及精神敞开。

笔者执教《背影》，在赏析语言细节的时候，学生找到"他再三嘱咐茶房，甚是仔细"这一句，说"再三"是细节，"甚是"也是细节，我问："为什么？"学生说，说明父亲很爱儿子，细致妥帖。我说，"再三""甚是"，这般关照一般是妈妈才能做到，这里却是爸爸。

我提醒孩子们再去第 4 段找找，看看有没有新的发现。学生从"其实我那年已二十岁，北京已来往过两三次"中发现了问题："二十岁"的大孩子，北京去过"两三次"了，父亲还这样，把"我"当小孩子，很感动。

我继续引导：你们再看看第 5 段，能不能为这种感动再找出第三个理

---

① 钟启泉，等. 多维视角下的教育理论与思潮[M]. 北京：教育科学出版社，2004.

由？学生研究后说，从第5段能看出来，"我"当时并不赞同父亲所谓的"爱"，只是没有说出来；父亲应该能感受到，但他并不在意，还是这样，这的确让我们感动。

我还不满足，提供了一则资料："1915年：父亲给儿子包办婚姻，儿子生气。1916年：儿子考上北大，把名字'朱自华'改为'朱自清'，老爸很生气。"孩子们这时又发现：朱自清父子关系出现了问题，在出现了问题的情况下，父亲还能"再三嘱咐"，很不简单。

这里有生生对话、生本对话，生本对话中还有与文本资料（资源）的对话。"而决定对话效果的关键在于合乎情理的文本解读，即明确文本主旨，避免对话内涵的偏离；把握文本基调，避免对话情绪的偏离；理清文本框架，避免对话过程的散乱；品味文本语言，避免文本韵味的削弱。"[1]

但是，我们也承认，课堂更多的是师生对话，如果对话往往由教师发起，郑桂华认为，一般应有四个步骤："发问""候答""叫答""理答"。[2]

第一是"发问"，要基于目标，表达要清晰，同时掌握好发问的频度，不能"满堂问"。还有一点，我们很多老师习惯于把专业术语，甚至是生造的专业术语带进课堂，什么"整体感知""合作探究""美读"，影响了学生对于问题的接收。"发问"的关键是把教参、课标等语言化作学生能够听得懂的口语。第二是"候答"，有些所谓"行云流水"的课其实隐藏着一种急不可耐，我们这里提倡"等待三秒"，这是课堂的休止符。第三个步骤是"叫答"，孩子们到了八年级不愿意举手，这是正常现象，不必诧异，但我们要倡导"知道60%的请举手"这一理念，剩下的40%在回答中梳理。最后一个步骤最关键——"理答"，或肯定、或否定、或追问，尤其是当学生不能回答时，我们可以考虑改变角度、化整为零、提供线索、提一个相关新问题等策略。

一次，有位语文老师问学生一个问题，学生回答错了，老师说："这么简单你也错了，坐下！"于是，转向另一位同学，去找寻他要的"正确答

---

[1] 邢秀凤.回归语文教学本色的课堂对话策略及实施[J].教育研究，2013（3）.
[2] 郑桂华.语文有效教学：观念·策略·设计[M].上海：华东师范大学出版社，2009.

案"去了。那是一次"同课异构",另一位老师也遇到同样的情况,却懂得"循循善诱",通过"理答"进行追问并反复对话,真正解决了课堂上的难点问题。

六、生成——自由、真实、思想

笔者听过一节语文课,发现集体回答的时候众口一词,个别回答的时候往往不尽如人意。但这位老师却置之不理,继续怀抱着"教案"一路狂奔,课后我问他为什么这样做,他说,公开课上,怕教学任务完成不了。这就是典型的非学生立场。学生的错误答案是课堂最宝贵的课程资源,是自己教学的起点。忽略,是极大的浪费和不专业的行为。

余文森教授讲过一个故事,说有个渔民,每次出海捕鱼前总要发个誓。第一天,发誓非墨鱼不捕,结果这天只有螃蟹,空手而归。第二天,又发誓非螃蟹不要,结果每网都是墨鱼,又空手而归。第三天,他说,墨鱼、螃蟹都要,结果什么都没有。第四天,渔民在太阳升起的时候于饥寒交迫中活活饿死。

渔民每天的发誓就相当于课堂的预设,课堂总是与大海一样,千变万化,不随着变化而变化,最后是逃脱不了"饿死"的命运的。

如何实现课堂的生成?很多年前,我写过一篇论文《生成——一份可以预约的美丽》,提出了五种方法,现在看来,有点幼稚了。其实,生成的方法归根结底只有一种——"还权于生"。要把哪些权利还给学生呢?讲解权、思考权、主动权、评价权。教臧克家的诗歌《有的人》,可能大多数老师采取读读讲讲的方法,对比、照应、多角度、生死观,一讲,学生也明白,但却没有了课程体验。笔者则采取"自读—评读—比读"的方式,学生读、学生评价学生读、学生体会如何读、成员之间对比读。讲解权、思考权、主动权、评价权全部交给了学生。

好课为什么提倡课堂的生成?第一,课堂是要发展人的。传统课堂在控制人,纪律至上;好课关注人的存在,生命不可预设,是生成性的存在,人的发展具有不可预测性。

第二,课堂要重视学生的体验。举个例子,相对于狼的"六點",屠夫有"六幸"：屠夫"晚归"遇"两狼"，"担中肉尽"，但还有"骨"，一幸也；他"投以骨"，毕竟"一狼得骨止"，二幸也；天已晚、骨已尽、"而两狼之并驱如故"，但"顾野有麦场，场主积薪其中"，三幸也；"一狼径去"，四幸也；剩下一只狼，"目似瞑，意暇甚"，五幸也；他"转视积薪后"，此时，狼"身已半入，止露尻尾"，六幸也。在教师的带领下，学生们找出了这"六幸"，并得出这样一种结论："有一种成功叫侥幸，有一种失败叫悲壮。"在课堂上有体验，有经历，才能更快成长。

第三，还可以从教学论的角度来看：传统课堂是老师教、学生学；好课是师生交往、互动的过程，知识在这个过程中是增值的。

那么，课堂遇到生成性问题该如何处置呢？我们通常有三种办法：一是追问；二是踢球；三是冷藏。

《背影》中有四次流泪，第二次是"（父亲）显出努力的样子。这时我看见他的背影，我的泪很快地流下来了"，第三次是"再找不着了，我便进来坐下，我的眼泪又来了"。哪一次更感人？学生普遍认为第一次更感人，"攀""缩""微倾"等动词感动了几代人；最重要的是课文题目《背影》由此而来。

在老师的追问下，孩子们发现："背影"应该是泛指这一次送别看到的父亲的"背影"，不是单指哪一次。你看——"等他的背影混入来来往往的人里，再找不着了，我便进来坐下，我的眼泪又来了。"这里的"混"，不仅指人多，也能看出"我"的眼睛是紧紧盯着父亲的，叫"目送"吧。尤其是"再找不着了"，有无限的悲伤在其中。第二次是感动于父亲买橘子的艰难，是对于"事"的感动；第三次是感动于父亲离开自己视线的一种惆怅，甚至还有懊悔。

追问，更多的还是师生对话，有时候完全可以把球踢给学生，这叫"踢球"。布丰的《松鼠》是一篇说明文，写了"漂亮、驯良、乖巧"的松鼠，文章的结尾说肉可以吃、尾毛可以制成画笔、皮可以制成皮衣，孩子们"每课一问"时提出结尾"很别扭""太残忍"。孩子们分成两派，开始了辩论。辩论的目的不在于达成共识，而在于解放思想。

但是有时候问题并不适合追问或踢球，需要冷藏。有一次在外"借班上课",问有没有同学没被《背影》感动,学生大都摇摇头,有一生犹犹豫豫地想举手。那学生说:我不怎么感动,因为这些事我们的父母也经常做,甚至做得更好!当我们分析完课文的细节,我请他小结这节课,他说:"我说'不怎么感动',是以为'事情太小';没想到,却这么复杂。从朱自清的《背影》,看到的是不一样的父爱,一篇看似平常的《背影》隐藏的却是曲曲折折的父子情。谢谢老师。"

这里经过了三个有机的过程——冷藏、温热、沸腾。面对课堂的生成,有学生立场你就会自觉选择追问或冷藏,前者是"热处理",后者是"冷处理",热也好,冷也罢,都是关注学生的问题。

2014年暑假,笔者观摩过一次全国性的赛课,大家都在说课如何如何好,评委也说好。自由论坛阶段,组委会想听听笔者的意见,我只说了一句话:"教师的责任不是进行好的教学,而是要实现所有儿童的学习权利,尽可能提高儿童学习的质量。从这个意义上看,本次大赛课距离'好课'还有一段距离。"话一说完,全场鸦雀无声,约5秒钟后,掌声雷起。

优秀的语文老师最好的课应不是公开课,而是"私开课"(家常课)——大段时间的生本对话;酣畅自由的师生聊天;随手拈来的互文材料;师生不经意生成的思想火花和语言的珍珠;充满思考力的质疑;拔节生长,层层推进,笑声满堂,意犹未尽。民主引来自由,自由养成真实,真实映照思想。自由、真实、思想,这些最重要的品质一定是在民主气氛中方能"生成"。

七、合作——是方法,更是理念

2011年版《义务教育语文课程标准》中说:"学生是学习的主体。……积极倡导自主、合作、探究的学习方式。教学内容的确定,教学方法的选择,评价方式的设计,都应有助于这种学习方式的形成。"[①]请注意,课标是把"自主、合作、探究"上升到"课程基本理念"之高度的。

课标是上位的、宏观的,缺少对如何进行"自主、合作、探究"的指

[①] 中华人民共和国教育部.义务教育语文课程标准[M].北京:北京师范大学出版社,2012.

导，学院派也没有实质性指导。倒是很多当初薄弱的学校，如洋思中学、杜郎口中学等做出了可贵的探索。但是，课程理念毕竟是一个新的东西，只有实践是不够的，走不远、走不深，甚至会走样、走偏、走错。有人曾经指出，中国教育的最大问题是把简单问题复杂化，把复杂问题简单化。合作学习应该就属于"把复杂问题简单化"。合作学习从它诞生的那一天起就一直被人误读，也一直被一些假改革的人利用。

近年来，合作学习开始从"疯狂的超市"中冷静下来。人们越来越认识到，合作学习是和接受性学习相并列的一种学习方式，唯一化是极端主义。如数学等理科，较之如语文更适合开展合作学习。高学段较之低学段更要倡导合作学习。同样学科，不同教学内容也有采用合作学习适宜度的问题。合作学习是一种课程理念，而非一种模式。

基于这些基本认识，有三个问题需要进一步厘清：一是合作的形式仅有"小组合作"这一种吗？第二个问题是什么样的问题才适合"小组合作"？第三个问题是"小组合作"有步骤性要求吗？回答似乎很简单，但做到并不简单。

第一，合作的形式仅有"小组合作"这一种吗？小组合作最常见的应该是两两合作、同桌合作，理论上叫"组对学习"，但我们生怕别人说这不是"小组"，现在孩子们的成长已经没有"同桌"这个概念了，都是"独生子女"。所以，小组合作的形式应有"组对学习""小组学习""大组学习""全班学习"这样几类。还可以针对课堂现场有临时"自组织"，让"臭味相投"的人一起迸发智慧的火花。

笔者上过一节作文训练课，是关于"读写结合"的，作文题目叫《意外》：有位七年级小朋友，早上上学忘记带公交卡，又没有钱，只剩下"借"一条路。接下来会发生什么？个体思考后"组对学习"，同桌间充分碰撞。汇报后，研讨这样几个问题：向几个人借了？哪几个人（年龄、性别等）？为什么？这几个人在文中出现的顺序是怎样的？这里采取"小组合作"。汇报后，又出示一组问题：假如"我"分别向老奶奶、叔叔、姐姐、小妹妹借一元钱，你将如何写？小组讨论两分钟，组员各写一位，这个环节继续采用"小组合作"。"小妹妹"借我钱后，"19路公交正好到站，我蹿了上去，一回头,小妹妹竟然不见了"。文章是如何结尾的?这里采取个体学习、全班讨论的方式。整节课中"合作"的形式就有三种。

第二,什么样的问题才适合"小组合作"?一是有难度的问题;二是开放性问题;三是适合分工的问题。如果去探究《纪念白求恩》开始的记叙部分,就没有价值。这些都是静态的知识,白纸黑字写在那里,没有合作的价值,属于"伪合作""伪探究"。那么什么样的问题是"适合分工的问题"呢?向老奶奶、叔叔、姐姐、小妹妹借一元钱,小组成员各写一段,这里需要合作:谁第一个写老奶奶?从第二个开始如何过渡?四次借,详略如何处理?这些都与主题相关,要合作才能完成,合作也最俭省。

第三,"小组合作"有步骤性要求吗?当然要有。先是个体学习,再是小组合作,三是成果分享。镇江市外国语学校将其具体化为合作学习"四环节"——自主学习、合作交流、白板展示、小结质疑。原则上"四环节"缺一不可。以一节课而言,有"大合作"和"小合作","大合作"只有一组"四环节","小合作"有几组"四环节",叫"四环节多循环"。

需要提醒的是,合作学习是否成功,关键看四个要素:问题是否有探究性;是否以充分自主学习为基础;组员是否会倾听;小组组长是否有领导力。尤其是"组员是否会倾听"这个要素,在"乱哄哄""闹哄哄"的课堂环境下显得特别重要,杜威说:"一个人通过'观看',能够沉浸于'思辨'之中;但通过倾听,却一定会作为当事人'参与'其中。"[1]

合作学习,是新课程的标志性课程理念,具有拨乱反正的意义,但"模式化"以后,必然走向机械唯物主义。所以,不能全盘否定,也不能"独此一家",它是方法之一、理念之一。

八、质疑——也是学习方法

镇江市外国语学校"合作学习"的"四环节"是自主学习、合作交流、白板展示、小结质疑。最后一个环节出现了"质疑"这个词。全国有很多学

---

[1] [日] 佐藤学.教师的挑战:宁静的课堂革命[M].钟启泉,等,译.上海:华东师范大学出版社,2012.

校都在构建"小组合作学习",也出现了很多模式,但是把"质疑"放到教学环节中的,好像并不多。

我们认为,思维的起点是问题,能不能提出问题,或者进行质疑,能提出怎样的问题,很大程度上反映出学生思维达到的深度。爱因斯坦说过:"提出一个问题往往比解决一个问题更重要。因为解决一个问题也许是数学经验或实践上的一个技巧而已,而提出新的问题、新的可能性,或者从新的角度去观察问题,却需要创造力与想象力。"课堂,不仅是不断解决老师预设问题的过程,更要是学生不断提出问题的过程。一节课上完了,问"你们还有问题吗",学生说"没了",这往往是最大的问题。

我们知道,质疑对于从小接受"听话教育"的中国学生来说,并没有适宜的文化土壤,没有西方的"吾爱吾师,吾更爱真理"的文化自觉,也没有适宜的语境。正因为如此,培养质疑精神才显得更加迫切。

培养质疑精神,就要破除"迷信"。具体来说,有"四大破除"——

一是破除对于文本的迷信。语文出版社社长王旭明说过,中国的问题在教育,教育的问题在语文,语文的问题在教材。

台湾作家黄飞的一篇小小说《甜甜的泥土》,被收录在苏教版八年级上册教材中,讲述了一个离异家庭的孩子王小亮得到原来的妈妈送来的一包奶糖,由于害怕后妈和爸爸的责骂,将奶糖藏在了雪地里。谁知第二天,奶糖被雪水融化,渗进了泥土之中,孩子伤心之余尝了泥土,并从泥土中感受到了"甜甜"的母爱。

王小亮把奶糖埋在雪堆中,但"一夜之间地温回升,冰雪消融了,糖浆和雪水混在一起,渗入大地。潮湿的地面上,歪躺着几张皱巴巴的糖纸"。虽说春天气候多变,但"一夜之间"能把包裹着的奶糖融化掉,这个细节显然失真。这包糖曾经被原来的妈妈放在"大襟棉袄口袋里","包裹得很紧","还带着体温",三十几度的体温不能将糖融化,雪如何能做到?况且,文章一开头说"西北风呼啸着",白天刮"西北风",说明冷空气在下降,晚上气温如何回升。或许有人要用"艺术的真实"来解释这一矛盾,须知,"艺术的真实"一定是建立在"生活的真实"的基础上。2010年,我和我的学生第一次读这篇小说时,孩子们惊呼:"切,这也太假了!"

二是破除对于教材及各种资料的迷信。就教材而言，编者在单元提示、课文提示、课后练习中已经明示或者暗含了对于课文思想意义和艺术特色的理解，这并不利于孩子们探究能力的培养，也是在用先入为主的方法束缚了孩子们可能的质疑的产生。改版后的"人教版"语文教材对这个问题有所注意，比如《从百草园到三味书屋》，课后练习中对于主题就有三个理解，让学生进行辨析。可惜，这样的地方太少。

苏教版语文七年级下册"《归园田居》（其一）"的题目有问题，这首诗是陶渊明《归园田居》的第三首，应被称作"《归园田居》（其三）"，因为陶渊明写了五首。虽然在注释中说明了这是第三首，但编者拟定题目的意思是"其中之一"，这就表达不严谨了。

杜甫的《登岳阳楼》书上对于"亲朋无一字，老病有孤舟"一句中"字"的解释是"书信"，学生说，"书信"狭隘了，应该指"音信"。

《老山界》一文描写红军战士半夜里冻醒欣赏夜景："耳朵里有不可捉摸的声响，极远的又是极近的，极洪大的又是极细切的，象春蚕在咀嚼桑叶，象野马在平原上奔驰，象山泉在呜咽，象波涛在澎湃。"书上把"呜咽"解释为"形容凄切的水声"，这一解释与红军战士当时的精神境界不相吻合，订正为"断断续续的水流声"更为恰当。

三是破除对于老师的迷信。孩子们有问题争执不下的时候，总喜欢说一句"我们问老师"，即使老师说错了，孩子们也习惯性地以为是真理。每届七年级新生第一节课要点名，遇到不认识的姓名，我就请这位学生为大家讲解。但更多的老师总是事先查好字典，然后装出很有学问的样子对姓名进行解读。其实，老师应该让学生知道，老师也并非真理的掌握者，学生要有自己的判断。而教师必须具备向真理投降的勇气和向学生请教的胸襟。

四是破除对于权威的迷信。下面这个例子很典型，有利于学生向司空见惯的"权威"发起挑战。2007年《南方周末》上陈长林的文章《身份证岂可一错再错？》指出了身份证上的四个错误：第一，是"公民"还是"居民"？"二代证"印有照片的一面有"公民身份"字样，而另一面则印有"居民身份证"五个大字。那么，持证人的身份到底是"公民"还是"居民"？须知，这是完全不同的两个法律概念。第二，"公民身份号码"表达不妥。因为"身份"不具有数字性，只有"公民身份证"才能被编成一个个号码。第三，用"出生"来指某年某月某日，也属于不规范。"出生"包含了出生地与出生日等要素。第四，"长期"的说法不准确。持有长期有效身份证的人，其"有效期限"标注为从某年某月某日到"长期"，"长期"是一个过程，不是临界点，没有"到长期"一说。

"（质疑）要从实际出发，善于以理性和开放的姿态，严格根据客观标准和规律评定事物真实价值，以明确形成有充分根据的判断。"[1]质疑不是否定一切，而是合理判断，既体现思维技能水平，也彰显现代人文精神，其核心精神是实事求是。质疑是语文教学的解放力量，可以培养学生理性的怀疑精神和反思态度。质疑是学习方法，是更好的学习方法，也是教学策略，还可以是教学环节。有了这样的理念，我们离创新人才的培养或许就真的不远了。

九、结课——网状的知识结构

有人曾笑谈一些人的语文课总是"死"在最后5分钟，通常有七种"死"法：（1）叠加前40分钟没讲的问题，以求教学内容的完整；（2）拔高文本，以示深刻、人文；（3）来一段自己的创作，以表文采；（4）进行无关联的拓展，以示课程意识；（5）音乐、视频一起上，以示渲染；（6）让学生写一写，然后读一读，以表读写结合；（7）拼命拖堂，以示自己敬业。如果说，这些真的是没有必要的，那么语文课的"最后一公里"到底该做什么呢？

要总结一下这一课所学，我们把这个姑且称为"结课"，它是课堂结构的组成部分，处于课堂的末端。有一个人把这个环节做得很好，做出了世界影响，谁呢？都德小说《最后一课》中的韩麦尔先生。"他说不出话来，转身在黑板上写了几个大字'法兰西万岁'，并做了一个手势：散学了——你们走吧。"这种结课是非常精彩的，把当时的气氛推向高潮，既感染了小弗朗士和其他同学，使我们受到了强烈的爱国主义教育，也感染了我们每一个

---

[1] 冯为民.让批判性思维点亮语文课堂［J］.初中生世界，2016（2）.

读者，使我们受到了强烈的爱国主义教育。余映潮老师每节课最后都要让学生"总结"一下，甚至还有"课中小结"。

上海师范大学李海林教授说："能用一句话（甚至一个短语、一个词）说出自己这堂课要给学生的东西，至少说明教师本人是明白这堂课的教学内容的。"李政涛当年博士论文答辩时，导师叶澜问他论文的主要观点，李老师竟一时语塞，但从此记住了要用最短的话甚至关键词来提炼自己的观点。

当然，结课的方法有很多，如同我们的导入一样，也是异彩纷呈的，如归纳总结式、拓展延伸式、章回悬念式、讨论评点式、前后照应式、训练巩固式……课堂结课与课堂导入相互映衬，一起一收，配合默契，共同扮演属于课堂教学的两个重要角色。

美国学者帕丁的《教师课堂实用手册》一书，内有"20个结束课程的技巧"的章节，可谓"实用"，也更有想象力，更接近儿童的心理。他说："确保每堂课上留有时间来结束课堂教学。如果你的课是你送给学生的一份礼物，结尾就是包装上的蝴蝶结。"他还说："两个人一组，一个人采访另一个人今天所学的知识。""每个学生在白纸上写下一部分今天课上所学到的内容。每个学生写完后折起来扔到教室的另一边，然后，另外一个人拾起来大声读。最后请一名志愿者把所有的纸捡起来扔到废纸篓里。""让学生绘制思维地图，归纳前一堂课的内容。"……

结课的意义在哪里？让点状的知识转化为网状的知识，让陈述性知识转化为程序性知识。"教师在教学中的清晰，不应是点状的清晰，而应是基于结构意识的整体式结构清晰。这样的清晰带来的扎实，就是整体的扎实，而不是点状的扎实。"[①]

十、爱意——儿童本位

最后一个质素是"爱意"，对儿童的爱。"爱意"跟好课有关系吗？其实这个道理很简单，因为好课的终极目标是儿童的发展。爱意，是教育的基础，是好课的出发点与归宿。

---

① 李政涛.教育常识[M].上海：华东师范大学出版社，2012.

笔者有一个教学搭档,大家都认为她是一位很优秀的数学老师,她所教班级的考试成绩一直名列年级前茅。一次,学校需要她做一场师德报告,她想用学生对她的评价"佐证"她的"师德高尚"。结果,竟然没有一位学生愿意写她,她"暗中"指定的几位学生也是"痛苦万分"。她的"成绩"仅仅是考试分数,考分的背后缺少人性的关爱。在应试的语境下,有人为成绩所付出的代价实在是过于惨重。好课如何才能体现出爱意?

第一,读透学生。某日,李鸿章带了三个人拜见曾国藩,请曾国藩给他们分派职务。恰巧曾国藩散步去了,李鸿章示意让那三个人在厅外等候,自己去到厅里。不久,曾国藩散步回来,李鸿章禀明来意,请曾国藩考察那三个人。曾国藩摇手笑言:"不必了,面向厅门,站在左边的那位是个忠厚人,办事小心谨慎,让人放心,可派他做后勤供应一类的工作;中间那位是个阳奉阴违、两面三刀的人,不值得信任,只宜分派一些无足轻重的工作,担不得大任;右边那位是个将才,可独当一面,将大有作为,应予重用。"曾国藩在进门的一刹那通过三人的神情、动作"读透"了他们。

这个故事当然有些传奇色彩。读透学生,就是要把学生放在自己的心头。如何对待学生有三种情况存在:第一种是无学生,只有知识和目标,那些喜欢搞题海战术的家伙往往就属于这一类,他们不仅心中无学生,也无同事。第二种是有抽象的学生,他们并不了解学生,或者误以为了解学生,"为学生好"。第三种是有具体的学生,一个一个具体的学生,老师像曾国藩一样识人,了解每一个学生的喜怒哀乐。

如何读透学生,方法有很多,有一句话会对大家有很大启发:把儿童当儿童、把自己当儿童、把儿童当自己。

第二,尊重权利。先说平等权。有人统计过,坐在讲台旁的学生被关注得就少一些,有人叫"灯下黑";还有最后一排,往往也被忽略。所以我们看演唱会,明星总喜欢喊"后面的朋友,你们好吗?"照顾到"后面的朋友",全场也就都关注到了。还有,我们习惯说"请班长回答""请课代表回答",这里有"官本位"的思维习惯在作祟,是为了自己的流畅。

再说隐私权。现在大家都在用QQ群、微信群与家长交流,但"家长群"里的通报有很多是值得商榷的,很多都关系到学生的隐私,如报告某次作业优秀的有哪些，真正懂爱意的老师是不会这么做的。有一种权利叫隐私，孩子可以不跟你计较，但你不能没有尊重意识！

还有休息权。"拖堂"可能是司空见惯的，但这可能是你以下这几个"观"有问题：（1）儿童观：缺少基本儿童心理常识。（2）教学观：预设过度。（3）课堂观：誓把教案剧进行到底。（4）整体观：保证自己课堂的完整，不虑及其他课。一拖，势必影响下节课。公开课，尤其不该。（5）人权观：自我中心，忽视学生休息权。（6）时间观：缺少准时、准点的国际素养。（7）生活观：对一种错误习以为常而不知。

第三，善于唤醒。哲学家苏格拉底的父亲是一位著名的石雕师父。在苏格拉底很小的时候，有一次他的父亲正在雕刻一只狮子，小苏格拉底观察了好一阵子，问父亲："怎样才能成为一名好的雕刻师？""看！"他父亲说，"以这只石狮子来说吧，我并不是在雕刻这只石狮子，我只是在唤醒它。""唤醒？""狮子本来就沉睡在石块中，我只是将它从石头监牢里解救出来而已。"

著名哲学家雅斯贝尔斯在《什么是教育》一书中有27次提到"唤醒"，可见"唤醒"之于教育的力量之大。一个美丽的故事传达出一个美妙的教育思想：唤醒。对我们教育者来说，每个学生都如石块里的狮子，都有他的本然与应然。我们所能做的，不是改造，不是塑造，而是唤醒，唤醒学生本来在沉睡状态的潜能，将他们从暂时的愚昧中解救出来。教育绝非单纯的文化传递，教育之为教育，正是由于它是一种人格心灵的唤醒。也有人说，教育的本质意味着：一棵树摇动另一棵树，一朵云推动另一朵云，一个灵魂唤醒另一个灵魂。教育的本质就是唤醒，唤醒学生沉睡的天性、潜能和梦想，唤起学生的自尊、自信、自强和自律，使之焕发出生命的活力和人性的光辉。

第四，保持倾听。佐藤学说，所谓的"学习"就是同教科书（客观世界）的相遇与对话，同教室里的伙伴的相遇与对话，同自己的相遇与对话。学习是由三种对话实践组成的。这就是所谓的"学习三位一体论"。课堂教师的倾听有两个原则：一是完整地接纳每一个儿童的想法；二是尊重每一个儿童的尊严。他还说，在教学中能否形成合作学习，很大程度上（将近有七成）取决于是否尊重每一个儿童的尊严，而教师经验、学习理论、教学技巧不过占了三成的比例。①

  解读、学情、目标、问题这四项是课前要做的；对话、生成、合作、质疑、结课这五项是课中的任务；爱意是基础。之所以说是"质素"而不说是"要素"，是因为：一方面十个质素不能涵盖好课的全部；另一方面，不同的课型质素会有一些变化，并非必须全部具备。从知识教学走向能力立意、素养立意，是当今世界教学改革的共同趋向，也是课堂十个质素的发展方向。立意高远，方能胸怀众生，面向未来，这也是语文好课的时代价值。

---

① [日]佐藤学.教师的挑战：宁静的课堂革命[M].钟启泉，等，译.上海：华东师范大学出版社，2012.

求索好课：最好的课堂，到底长啥样？①

其实，这样的活动受益最大的还有我，我总喜欢沉浸在自己的语文狭小世界里自得，是这样的活动，让我也有机会"跨界"一下，让我也能站在更广阔的课程空间中去思考课堂，也能在借鉴中思考语文课堂学习方法的优化。上午，听了三节课，语文、数学、英语，昨天下午我还听了一节地理课，刚才三位骨干老师又作了精彩的评点，都让我受益匪浅。接下来的时间，我想跟大家汇报一下基于这三节课的一些随想、一些追问。课程改革15年多了，从全国来看，是有很多积极的探索的，最近几年更多的是反思，摈弃功利、走向理性、走向教育、走向未来是课堂改革的新方向。

第一，请关注课堂没有举手的孩子。

我们早已习惯了请举手同学发言，殊不知未举手的孩子里面藏着很多秘密。为什么不举手？是不会，还是不敢，还是不愿意？无论哪种原因，尤其是"不会"，这里面存在很多课程价值。总是请举手的同学发言，看起来课堂很流畅，达成度很高，实际上遮蔽了课堂很多真实的情况，而这些真实的情况正是课堂需要解决的。姜老师的数学课堂里有一个很温暖的环节：几次下来，她右手边举手同学很多，于是她说"给左手边同学一次机会"。老师的眼中不仅有"举手的"，还有"未举手"的。当然，最好的办法不是单一的师生之间的对话，还要有常见的"生生对话"。本节教学使用了导学案，学生的完成情况完全可以借助"小组"来检查。点学生回答这种抽查，其样本数量是不够的。当然，孩子没有举手，你请他回答是要征求一下他/她的

---

① 2016年9月22日，在重庆市"领雁工程"校际课堂研讨会上的发言。

意见的，不愿意回答就不要勉强，尤其在我们鼓励后仍然为难的，就不要为难他/她了。

面向全体，是一个很实在的观念，很多人把它理解为一句口号了，他们走进课堂，每一个细节都在证明自己是否在践行面向全体。

第二，适当地恢复板书。

简洁、科学、富有美感的板书具有以下特征。一是知识化：随写随看，其过程是教学脉络的绘制，便于结课，虽然有几何画板，但总觉得粉笔的板书更温暖、更形象。二是生成性：适当的变化与适时的修缮让学习过程充满生成。前几天我上《刻舟求剑》，就是让学生板书翻译，然后修正。三是示范性：漂亮的板书展现出汉字的魅力，从而影响学生。我在安徽工作期间，我们乡有两所初中，另一所初中的语文老师，包括数学等学科的老师，粉笔字都很漂亮，三年下来，孩子们其实每节课都在"练字"。期末考试后统批试卷，让我校老师惊羡不已。四是节奏感：制造教学停顿，起到提示、警示的作用。数学姜老师请四位同学上黑板做题，再请四位同学上黑板订正，这个环节实效性就很好。五是补充性：与多媒体结合，各显其能，相得益彰。这点很重要，我不是反对多媒体，我校信息技术运用是国内一流的，但创新不是全盘否定传统。

所以，我一直以为，课堂要在"乱花渐欲迷人眼"的全媒体时代"慢慢走"。课堂要在"深度""个性"的聒噪下记录基于学情的课堂学习轨迹。要在课堂生成中培养孩子们捕捉关键词的基本能力。

第三，开放性问题才需要讨论。

现在的公开课有一个误区，似乎是"不'合作'，不'公开'"了。其实，合作学习是和接受性学习相并列的一种学习方式，唯一化是极端主义。如数学等理科较之如语文更适合开展合作学习，高学段较之低学段更要倡导合作学习。同样学科，不同教学内容也有采用合作学习适宜度的问题。合作学习还是一种课程理念，而非一种模式。合作学习之关键在于设计的问题具有开放性，教材有现成表述的问题则是封闭性问题。开放性要求借助前认知和资料包，进行总结、抽象、概括等，各抒己见，以实现有意义的学习。

从这个角度来看，今天的三节课中，一些"小组合作"问题的设计过于表面化，过于拘泥于教材内容。昨天我听的一节地理课，有三次小组合作，前两次是关于三峡为什么建在长江上游，以及洞庭湖面积缩小的原因，合作的必要性不是很强。下游为什么被称作"黄金水道"，倒是可以探究的。综合性学科，最应具有时代感、探究性和开放性。

第四，讨论要有节奏感。

合作学习有五个要点：一是合适的教学任务；二是充分的个体学习；三是有效的合作；四是合作学习成果；五是成果的评点。这五点，是课堂合作学习这一旋律的"五个乐章"，缺一不可。我注意到这三节课，对于"个体学习"这一块重视不够，甚至完全忽视，这是对合作学习的误解，至少是误操作。学生只有充分个体学习后，才能带着思考、带着疑惑走进小组中，与组员分享、与组员碰撞，在思维被激发的状态下，重新审视对问题的思考，最后"求同存异"。有人或许会说，你这是理想的状态，我要说，这是小组合作的常态。没有这种追求，宁可不用合作学习。点缀，表面上看是简单化的惰性，深层次看，是对于小组合作基本理念的"不合作"。

第五，要坚守学科本质和学科方法。

好的课，有两个基本要求，一是坚守学科本质，如语文的工具性、数学的思维与推演、英语的言语实践，尤其是语文，很容易走着走着就偏离了，忘本了。二是适合本学科的学习方法，大量的音乐、表演就不适合语文的学习，语文学习的方法首推语言的咂摸品味。很高兴，今天的三节课都在"种自己的田"。关于胡老师的语文课，我想多说几句，毕竟是我的"老本行"。最后的三项任务——"悟出了什么""一吐心声""诗歌诵读"，与文本关联不大，可以省去，留着时间去品析小说的细节。《心声》很多的细节描写是十分传神的，是人物"心声"的表现。有两位女生读得很感人，这个环节要放大、做足。具体怎样品味，还要注意两点：一是读与品不要割裂，要"互证"，所谓的"读一读、品一品"，不是先读后品，也不是先品后读，而是以品促读，以读悟品。二是，读交给了学生，品也交给了学生，那么读后的评、品后的评也要交给学生。

第六，教师不妨"笨"一些。

一些老师在课堂上，总有与学生"抢答"的现象，一个问题提出来后，未等学生回答，老师就迫不及待地说出答案，或者播放PPT。尤其在"理答"的环节中，一看学生回答不出了，老师就"挺身而出"，"完美"地说出了答案。学习的过程，是思维的过程，是不断扬弃的过程，"答案"教育，只能培养记忆的机器。所以，在课堂上，教师不妨"笨"一些，再"笨"一些。举个例子吧，这是我前几天一节课的一个细节：

师：请大家评价下"郑人"。

生：是个愚蠢的人。

师：你从哪里看出他愚蠢了？

生：他"欲买履"，却"先自度其足"，这是愚蠢的第一次。

师：还有第二次？

生：嗯。第二次，"吾忘持度"却不用脚试一试，而是"反归取之"。最后耽误了时间，"遂不得履"。

师：有第三次吗？

生：有。有人告诉他"何不试之以足"，他说"宁信度，无自信也"。

师：三次愚蠢中哪次更愚蠢？

生：第二次。你说是哪次？

生：第三次。

师：为什么？

生：第一、二次是行为的愚蠢，第三次是思想的愚蠢。行为有一两次错很正常，思想、理念有问题就麻烦了。

"笨"的老师，只会问"为什么"，这样的老师真的是笨吗？这恰是苏格拉底式的对话。老师的"笨"，能够培养出"聪明"的学生。这是其一。其二，当课文翻译完成的时候，很多老师的课就要结束了，可文言文的风景不仅在于翻译，更在于语言之美、内容之隽永。老师们通常会这样处理：《郑人买履》的寓意是什么？然后请几位同学说说，最后PPT展示标准答案。我则从"郑人"评价开始，过渡到"寓意"。此所谓"问答"与"对话"之别也！

第七，让课程深深地扎根于当下的生活。

教材无论怎样"修订"，它总是落后于现实的，与生活的隔膜是很多课的通病。学生只有在课堂中不断体验生活，才能在未来改造现实的生活。三节课，《心声》里的老师与"我"相连；数学课中，由"航展中飞行表演"视频引出正负数；英语课更是"时鲜"，与刚刚结束的里约奥运会密切相关，让课堂具有当下的价值。昨天的地理课讲到三峡工程的时候，我一直在想，就在昨天，我国世界最先进的三峡"升船机"投入运行，船舶过坝将由原来的三个半小时缩短为40分钟，这里面有很多与教材内容相关的信息。

我一直在呼吁，语文老师，也包括其他各科老师，应多关注新闻，少关注微信；多关注生活，少关注鸡汤。课堂与今天的生活嫁接后，课堂才有了活气。

以上七点，都是基于这三节课的内容与方法而产生的一些随想性质的东西。可能大家要问了，那么好课到底长什么样呢？这让我想起了一篇课文。

2016年秋学期，苏教版七年级上册语文教材新增加了一些篇目，其中有一篇《在阿加西斯教授的实验室》，这是美国昆虫学家和古生物学家塞缪尔·斯卡德多年前初进哈佛读书根据在阿加西斯教授（美国博物学家、地质学家、教育家，哈佛大学教授）实验室学习的难忘经历写成的，倒数第二段是这样的："这是我所上过的最好的课。自此以后，我的一切研究和学习方法无不受这一课的影响。这是教授给我的礼物，千金难买，是一笔不能丢弃的财富。"

文章说，实验室里，阿加西斯教授用一条做标本的鱼，竟让他用肉眼整整观察了三天。然而老师对待科学的严谨态度使他终身受益。文章似乎在告诉我们：要不带偏见地多角度多层次地仔细观察。对表面看似最简单的东西，必须发现它的真相，直到在更多的真相中找到更多的规律。

我读到这一段的时候，把目光停驻在"最好的课"这四个字上。凭借着对于课堂的敏感，我发现了"最好的课"本来的模样。

第一，一定是自主性的课。

自主性学习，是作为一种学习方式而存在的，它与他主性学习相对。自主性学习，是学生处于主体地位状态下的主动性与能动性的学习。自主性学习可呈现这样一种状态：学习动机可自我激发，学习内容可自我选择，学习方法可自我确定，学习时间可自我计划，学习过程可自我监控，学习结果可自我评价。三天，整整三天，阿加西斯教授没有向他的学生塞缪尔·斯卡德"传授"任何知识，倒是把"观察"一词重复了16次之多。三天中，塞缪尔·斯卡德的观察经历了这样一个逐步深入的自主学习的过程：鱼脸、鱼背、鱼肚—牙齿有多锋利，身上有多少片鱼鳞—我应该把这条鱼画下来—鱼有对称的器官以及其他对称的身体部位……这些，都是"我"在自主性观察的过程中一步一步发现的。

第二，一定是探究性的课。

我那天问孩子们："如果是中国老师教学生，用三天吗？"他们说："三分钟！"是的，三分钟，中国老师会出这样一道"探究题"——"阅读并熟记鱼的特征"，完全用背诵结论的方式替代学习的过程。而探究性学习是以问题为核心展开教学过程的一种高智能学习方式，它具有主体性、探究性、实践性、合作性、过程性等特征。探究性学习主要立足于学生个性发展，着眼于培养创新型人才。探究性学习具有调动学生的积极性、培养学生的综合能力、唤起教师的创造性和提高教师的探究能力的教育功能。塞缪尔·斯卡德在三天探究中，情绪上经历了"讨厌""惊讶""沮丧""屈辱"……一直到发现规律的惊喜。这大概就是探究中"柳暗花明又一村"的惊喜吧！

第三，一定是程序性的课。

从学习和遗忘的速度来看，陈述性知识只要求"印刻"在头脑中，所以学习的速度快，如果没有采取深加工策略，遗忘也快。而程序性知识要求人按一定规则和步骤进行反复操作，因而学习的速度慢，但由于操作过程调动了多种感官参与并伴随着一定的深加工，所以遗忘的速度也慢。塞缪尔·斯卡德说"我的一切研究和学习方法无不受这一课的影响"，显然，说的不是"这一课"学到的鱼的知识，而是"观察"的方法。塞缪尔·斯卡德最后成为昆虫学家和古生物学家不是靠掌握了"鱼的知识"这一陈述性知识，而是靠学到了"观察"这一程序性知识。正如文章最后一段所言："事实本身是枯燥无味的，除非与某一自然规律联系起来时才有意义。"

第四，一定是建构性的课。

建构性学习与传统的接受式学习不一样，是学生通过建构性活动而进行的学习，学习不是老师向学生传递知识信息、学习者被动地吸收的过程，而是学习者自己主动地建构知识的意义的过程。"第四天，另一条同类的鱼被放在那条鱼的旁边，教授要我指出两条鱼之间的相似点和不同点。然后，一条又一条，直到我看完同科所有的鱼。"前三天是枯燥无味的，虽然有所发现，但那是独立的知识，第四天，开始进行各类、各种鱼的比较，得出一般性结论。从"举三反一"到"举一反三"，让研究得以建构，享受成功的喜悦。

第五，一定是生活性的课。

最好的课，老师应该充分发掘生活中的教学资源，关注学生的现实生活，实现教学与学生生活的有机结合，鼓励学生去认识世界、体验生活、理解人生，不断地提升他们的生命价值。我听过一些实验性的课，最奇怪的是，这些课竟然是在教室里上的，我问过一位老师，为什么不去实验室？他说拿器材不方便。我知道，大家都这样，甚至在不是"公开课"的情况下，"器材"也省略了，直接图片动画演示，甚而至于，这也被省略，直接"刷题"。

或许你要说了，这样的教授太好当了，会说"观察"二字就行了。殊不知，每一次的见面都是一种智慧的"点拨"与"启发"，包括他的或"失望"、或"认真"、或"相当满意"的表情，而不是"告诉"。或许你又要说了，这是大学。这是大学，中学就只能背诵与默写吗？如果是的话，进入大学后，学生还存有探究兴趣与探究能力吗？

好了，说了很多了，我心中"最好的课"大致就是这样。

磨砺好课：好课的孵化、出壳与成长

——以《差不多先生传》磨课为例

佐藤学说："一年内未向同僚公开自己的课堂，并坦然接受评论的教师不配做教师，无论他的教学实践有多出色。"公开课是教师专业成长的必修课，甚至公开课的数量与他的专业水准存在着某种正比例的关系。

有老师问，你怎么备一节公开课？我说，有"五步"：第一步，读文本；第二步，解文本；第三步，确立目标；第四步，设计"问题链"；第五步，看看优秀的课例，反观自己的设计。万不可先是第五步，甚至直接下载课件"改编"；最可怕的是只有"第五步"。或许你说这是通往"公开课"的捷径，但我要说这不是通往优秀的正途。

太多次，为上一节公开课而不断磨课，这个过程是痛苦的，因为要不断地否定自己而去壮士断臂，也会因为同伴的一个建议而陷入困境难以自拔。但当我们回头再看走过的这段路的时候，又是那样回味无穷，似乎聆听到了拔节的声音。

而今，自己似乎有了一点"出息"了，同伴们也很忙碌，再上公开课，已经没人帮你磨课了，怎么办？我就自己跟自己较劲，自己当自己的教练。当我走不出自己的时候，就跳到圈外来审视自己，今天的自己跟昨天的自己对话，此时的自己跟上一刻的自己对话，竟也能走出一片灿烂……

2013年初的《差不多先生传》的备课就让我体会到了一段"磨难"与幸福的过程。

2013年3月下旬，要去佛山上课。当初，"第三届全国中学语文名师成长课堂展示研讨会"组委会让我报课题的时候，说实在的，我还没有认真想过应该上哪一课。因为催促得紧,我只好在记忆中粗略搜寻了一下,就《差不多先生传》吧,亦庄亦谐的,很对我的"胃口"。这一课我在2007年上过一次公开课,当时我很压抑,也没有多少自信,效果自然一般了。六年了,得挑战一下自己。嗯,就这么定了。况且,文本很熟,忙碌的我也少了些备课量。

但基本程序还是不能少的:以普通读者的身份素读文本;研究作者同类的作品,知人论世;掌握文本的体式特征,如文体、风格等;研究者论文中有哪些是教参中没有的发现;语言背后的秘密有哪些;学生会如何学,会遇到哪些问题;教学目标如何体现学科特征;围绕目标的学习活动如何开展。

3月8日下午,从电脑中找出2007年的文件,又从网络上下载了些文本的解读打印了出来。这一天放学早,我匆匆瞄了几眼作品的解读,没有太大的新意,又看看网络上的备课,实在看不出有什么新的东西。哦,对了,小梅上过这一课,问问他。他很快传来他的课件,并把自己的教后记《运用问题的张力,训练综合的能力》发给了我。小梅近年来在德育和语文教学上不断发力,早已"雏凤清于老凤声"了。

没想到这学期竟然这么忙,佛山的课几乎忘却。3月18日(周二)上午,终于将省教学成果奖申报材料准备结束了,而周五就要去佛山上课,不能再拖,得赶快备课了。下午,把自己关在办公室,用起功来,到底有基础,不到俩小时,课就备好了,很得意。

整节课的设计围绕着四个关键词:"差不多""先生""传""胡适"。"差不多"解决文章"写了什么"的问题;"先生"解决"怎么写"的问题;"传"解决文章的"主题"问题;"胡适"解决作者的"文化观"问题。而一切的发现都将交给学生。写了"差不多"共五件事,五件事排列的密码是什么?让学生明白"差不多"这一恶习的养成过程。"先生"是对年长的有道德、有学问的人的尊称,在这里是"反讽"的手法。这篇文章的体裁是什么呢?不是"传","传"只是"外壳",内囊却是"寓言",准确说,是寓言体小品文。胡适为什么要写这篇小品文呢?这跟当时的新文化运动有关,胡适的讥锋所指直奔国民劣根性。正好搜索到了胡适的另一篇文章《苟且》,可以选取一段,互证一下。又发现胡适先生的墨宝"不苟且",正好可以当作课的结尾，不禁欣然。

晚饭后，打开备好的课件，再次思忖起来：白天的设计是很有创意，用课题拎起整节课，但内容是不是太杂了点？我是不是该再看看别人的设计？谦虚点总是好事，于是习惯性地上网搜索，一位老师的课件吸引了我。他的课有六个环节：第一是"题解"，关于这篇文本的概括以及主题；第二是"作者介绍"；第三是"分析"，"本文是一篇以人物传记形式写的讽刺寓言，人物是虚构的，属于'记事'类的记叙文，采用'顺叙法'"。第四是"结构"，逐段、逐段地介绍文本的内容；第五是"修辞"，有七种，分别为设问、夸饰、反讽、排比、借代、叠韵复词、双声复词；第六是"文意"，是对文中共十处的赏析。

人家的课似乎固守着语文的知识性，课改前的课可不就是这样，孰优孰劣？

心里有急事，大脑就闲不住，备课的过程就是割舍的过程，保持原样，还是"优化"？3月19日，再次陷入思索。哦，对了，我去看看自己6年前的备课，果然有一个"简案"，还保留着一个流程：

板书课题——范读课文"差不多"（内容）——"传"——"寓言"（主旨）——"先兰"（反讽）——挽词

令自己略感意外的是，"简案"的后面还附有本节课需要穿插的"名言警句"，哈哈，好假！想着现在上课的"从容"与"简单"，看来六七年来，并不年轻的我竟然还有进步。再仔细一看，我现在的设计似乎没有走出六年前的窠臼嘛，不行，要改。先抛弃"四个关键词"的创意，从五件事入手，很快，新的设计就出炉了——三个主问题：（1）五件事迹的密码有哪些？（2）"差不多先生"的劣根是个人的，还是民族的？为什么？（3）最后一句"——然而中国从此就成为一个懒人国了"，可以删去吗？为什么？以主题的探讨为主线，贯穿文章的文体、反讽艺术。好，就这么定了。明天找个班试试。

20日下午，在七年级16班进行了试讲，"我发现……"的发言要求是个新亮点，我怎么这么聪明，动辄就能原创。过程中还有新发现，主要是"民族劣根"的新证据。孩子们也很棒，就是时间有点紧，回到办公室删去了契诃夫《我的她》这一小段拓展。再是设计了一段板书，关于"差不多先生"劣根的。五个故事的概括我觉得不是很准确，应该是"颜色"不分、"方位"不分、"多少"不分、"早晚"不分、"生死"不分。对话过程很重要。设计，要为自己留足空间，太满，影响师生的自由呼吸。40分钟，上足，绝不拖延，尤其是对外公开课，一百个理由也不行！

　　请几位听课的老师给点建议，但他们对文本不是很熟（不是苏教版的篇目），再加上他们整日忙碌，或许也还要"深思熟虑"下吧，看看第二天他们能否给出点意见，启发一下。不过，我自己已经发现了三点不足：对五件事的概括不是很明确，对话缺少准确性；原以为文本浅，未能细读，有些地方的匠心需要重新发现；几个问题的表述要再精炼些、准确些，因为不在PPT上展示，更要看我的表达……

　　3月21日准备扎扎实实地改改作文，懒得去考虑"差不多"了。上午，南京的阿奎说"差不多"了，我也认为"差不多"了。下午两点多，苏州于洁老师QQ联系我，她要说说对《差不多先生传》的解读，意外而期待。她一开口就见解独到："我看到你在确定五件事情时，用了什么'不分'，我在想，这个'差不多'先生其实是'差之毫厘，失之千里'的问题。所以这五件事情的概括，可否用'买错糖''答错题'这样的格式。然后在'买错糖'后面再把'错'弄明白——颜色不分。"我回答说，那就买错糖、答错题、写错字、算错时、寻错医吧。她谐趣道："别死脑筋，就知道用'错'这个字，可以用'误'呀，比如'误了车'之类。"嗯，对的，不能因文害意。

　　她继续说："第二，感觉文本的思路想表达的是'差不多'这样的性格会害人害己害国的。但是看完文本后，五件事情，要分清楚这三个害，似乎要动动脑筋，比如买错糖，是害了他妈，那么算是害人。"这也是我这几天纠结的，五件事应该是五个角度，但又不好——对应，更不好"硬对"。

　　当她说到第三的时候，我彻底服气了："第三，我感觉这个文章的讽刺性，不是落在差不多先生身上的，是落在这样的人居然还得到大家共同的称赞，得了荣誉，死了还有很好的称号，这才是讽刺。一般被写传记的人，都是被褒扬的，此文最大的妙处，就是在众人的褒扬中，冷冷地说了那个结尾：懒人误国。"

最后，她说："还有就是作者的情感，讽刺如何体现的？我觉得主要是作者安排了差不多先生的死。'不上一点钟，差不多先生就一命呜呼了。''他说完了这句格言，方才绝气了。''一命呜呼'和'绝气'，说明作者对他没有一点同情心。"

上课，最要解决的是文本解读，而解读的最佳途径是"裸读"，于老师这之前没有接触过这个文本，短时期内就能提出如此精辟的解读，是文学功底使然。这些年，我一直倡导文本要"裸读"，设计要"裸备"，这样才有可能创新，但"裸读"与"裸备"的基础是老师的文学修为。一个是"末"，一个是"本"，至于网上"荡"课件，连"末"也算不上了。

用自己班级的学生再上一次，预计效果会好一些。22日一大早就提前几分钟到了班级，学生告诉我，班级投影仪坏了，已报修。我一想，就不用了吧，本来投影的只是文本内容。修理工来了，没想到，2分钟就搞定了。我不知道是受了这个"意外"的影响，还是没能完全放得开，这节课没有周三效果好。"五件事"的概括这次用了板书，课时也变得局促起来。看来这个环节得有修改动作，本身"概括"不是本节课的重点目标。还有一个原因，可能是学生太熟悉，彼此都缺少"心理期待"，有了默契，却少了必要的紧张度。

22号，我在飞机上推敲着这节课，并有了三点创意：第一个创意是把本文发表日期及原载刊物"1924年《申报》"打在PPT第一屏上，两次试讲，缺少必要的背景交代。第二个创意，本次上课是在一所民办学校，生源估计会有非广东籍，那么"五件事迹"可以考虑让五位不同方言区的同学来读，增加趣味，也切合文本中"差不多先生""是各省各县各村人士"的文本意。第三个创意是"五件事"的概括，我使用整饬的句子，先示范概括第一件事，再让孩子们练习完成另外四件事的概括。其实还有一个创意，就是"胡适"的介绍更加简洁化了。

短短的17天，让我再次体会到了，公开课的备课是文本解读不断深入的过程；是教学方法不断浅出的过程；是广泛悦纳，最后形成自己原创性意见的过程；是课堂流程由繁变简不断留白的过程；是细节变得更加润泽的过程；是由眼中无学生到眼中有学生的过程；是大有问题到问题逐个解决而最终让学生产生问题的过程。四个字——删繁就简！

24号上午，一节充满着语文味儿、充满着"发现"、充满着谐趣的《差不多先生传》亮相三水区中大附中的会场。

课间休息，我请王土荣教授（广东省语文教研室语文科主任）谈谈我的《差不多先生传》一课。王教授是位慈祥而又智慧的长者，两天的接触，他常常是漫不经心的一句话直抵语文的要害，我不能不把握这样的学习机会。我们一起溜达到学校田径场，两天阴雨，此刻早已阳光明媚，校园也披上了一层金色。王老师笑着说：本家呀，你的课亮点很多，我很满意，给我印象最深的是你和学生在并不复杂的文本细节中却发现了微言大义，这点很不容易。还有，一节课，40分钟，你引领学生不断"发现"，并且时有惊喜。整节课生动有趣，与文本风格相映成趣，但你在最后又变得严肃起来，正好应了文本那最后一句话——"然而中国从此就成为一个懒人国了"，庄谐相生。但要注意，你要求学生说"我发现"，我的看法是未必非要用，尤其不要打断学生的思维；还有课堂上学生读书少了，这也是公开课共同的问题。一席话，很短，但句句说在我的心坎上，褒扬，诚可喜；提醒，尤可贵。

语文好课的诞生是一个孵化、出壳与成长的过程，大家总喜欢在教育教学的技艺层面上提高自己，本无可厚非。但仅仅停留于技艺的境域容易成为一名"能工巧匠"。教育是启迪心灵的学问，需要哲学的引领，思想的陶冶，生命的安顿，精神的皈依。这是好课与一般性公开课的分水岭，也是"教师"与"匠师"的本质之别。

读懂好课：我是这样品悟好课课例的

——读《我就想浅浅地教语文》随想

"大寒"过后，就没有一天是"小寒"的，这几天，用气象台的话来说，属于极寒，江南竟也不例外，还有一场不大不小的雪，接着是零下10度的天气和"风"狂。但有一件事，却在顽强抵抗着这预料之中的寒冷。

肖培东老师要出自己的一本课例集是我早就知道的，也是早就盼望的。说实话，当下的语文课，尤其是初中语文课能让人叫好的并不多，很多所谓的名家也就那么几节"代表课"，其余，稀松平常；至于每节课都很经典，这样的名师恐怕比首尔街上的原装美女还要少了。如此看来，《我就想浅浅地教语文》的出版是语文界的一件大事了，至少那些拉了双眼皮和削尖了下巴的美女们得把自己的"著作"藏一藏了。

那天我去"当当"，很快告诉我"缺货"，看来跟我一样急切的人还真不少，好在我有"路子"，这不，《我就想浅浅地教语文》今天（2016年1月23日）就穿越极寒，到达我温暖的"草窝"。迫不及待地打开，16个课例，16个单元，篇篇"实录"经典，"感言"真诚，"现场"真切，"评点"准确，如聆听了16场高品质的语文教研活动。浙男培东那迷离的目光、喑哑的声调、悯人的情怀，正透过一个个字符，在你经意、不经意间撞击着你。

"咩——"，我的寒假也就这样开始了……

一、《山羊兹拉特》

24日读第一个课例——《山羊兹拉特》。2009年，这节课我曾现场听过，当时嘈杂，并未听出所以然来，只是觉得培东的那个"咩——"有意思。后来去浙师大参加几次活动，培东总是静静地一个人坐在角落听着课，"门外的奢华不是你要的奢华"是他的 QQ 签名。我一直相信，没有良好的心态，没有磊落的情怀，没有人性的关注，他的课是走不远的。再读《山羊兹拉特》，培东把它放在首篇，我想是具有多重意义的，但我宁愿把这看成寓言和隐喻，或者说是爱的寓言。

这一篇是钱老（钱梦龙，下同）写的评点，他说这节课有亲切平等的对话、有效的课堂提问、情感境界的创设、朗读体验的运用。我还从这节课看出语文老师的修养：读懂小说的情感、读懂小说这种题材、读懂小说的细节、读懂作者。这一课，起于情感、终于情感。培东说："只有解冻我们内心的情感的冰河，去为这个世界的美而阅读而思考，正容以悟之，教学才会真正唤醒生命！"可惜我们很多的课要么无节制地滥情，要么异常冷静地进行分析。我注意到了培东几次 PPT 的内容，总是在一个环节完成后，总结小说创作的技巧，且不是"三要素"的提醒。"咩——"的几番学习、不断还原，将小说的细节反复放大，走进人物的内心，至今动容。还有若干次，对于辛格作品艺术魅力的接入，恰到好处。我一直说，好的课，不仅是你读懂了文本，还有文本以外的世界，如战略支援部队，小活动的后面总有大体量的支撑。

二、《沙之书》

25 日读第二个课例——《沙之书》，文本是阿根廷作家博尔赫斯于 1975 年发表的短篇小说。主人公"我"从一个上门推销《圣经》的外国人手中买到了一本奇怪的书，这本书页码无穷无尽，在令"我"执迷的同时，也让"我"感到了难以名状的恐惧，最后，"我"放弃了这本无始无终的奇书，把它藏进了图书馆里。对于文本内容（写了什么），他采取的是远眺山形地貌的方法，概括与寻找虚构中的真实；对于文本形式（怎么写的），他则采取近嗅桃李芬芳的措施，探讨还可以怎样结尾。培东的课有两大利器：一是朗读指导；二是对话。而这两大利器，总是作用在一个方面——学生的思维。

现在的很多教学，用黄厚江老师的话来说，就是"结论教学"过多，如问："《沙之书》的主旨是什么？"然后学生进行结论，老师充当"判官"，"对的""不对""瞎说""有点远""太棒了""我也没想到，老师要向你学习"云云。培东则说："如果小说结尾你来写，你会怎么处理？"一番"胡说八道"之后，再回到博尔赫斯的思想中，一切都顺其自然了。

三、《孔乙己》

跳读到《孔乙己》吧，是本书的第十一个课例。这节课与我们学校的一次活动有关，也是我与培东迄今最亲密的一次接触，也是他"惊艳"镇江的一次亮相。这节课带给我很多的思考，不仅仅是课的本身，老师们齐夸这节课有"三妙"：导入妙、问题妙、对话妙。"肖式"感悟："灵感，如猫的细步，只在你安静的心里蹑过。"王崧舟说得更明白："只有当你对自己的课堂拥有刻骨铭心的体验的时候，灵感才会降临。"

书中选用了我的一段感言：优秀的语文老师应该能驾驭各种题材、体裁的文本，甚至包括文质欠佳的作品。但总有一些作品其风格是和老师自己的个性相一致的，他们能够把"我即文本"演绎得淋漓尽致。肖培东老师镇江版的《孔乙己》即是明证。

老师的生日被孩子们记得，恰在当天，而孔乙己的生日却无人知晓，课一开篇就弥散着一种淡淡的悲情。培东转而忧郁一问：你们记得孔乙己的什么呢？孩子们的回答似在为这种情绪作注脚。如果说这种"记得"只是一种阅读感受，是文本图式的反映，那么"顾客"与"掌柜"，还有那个不谙人事的"小伙计"的"记得"就有点让人悲哀了。"他们真的记得这孔乙己吗？"轻轻的，惊天一问，如一炸雷，在孩子们的心灵深处震响。此刻，培东瞬间微闭双眼，我知道，他的内心深处是看到真相以后的愕然与战栗。

孔子说："人而不仁，如礼何？人而不仁，如乐何？"我要加一句："人而不仁，如课何？"迷离的目光、喑哑的声调、悯人的情怀，45分钟，他在诉说一个自己身边的"苦人儿"的悲惨经历；更重要的是，32位孩子也在课堂里接受了一次文字与人文精神的洗礼。

四、《假如我有九条命》

第三个课例是余光中先生的散文《假如我有九条命》，先生所思、所虑，是现代生活中很多人的通病，至少，我读来大有"于我心有戚戚焉"的同感。但是语文老师的痛苦是不能长时间沉浸在这种"同感"的快意中,要抽身出来,进行教学设计。培东说:"我所能做的,就是整合与优化,让课堂更干净,让线条更明朗。"大家喜欢培东的课,很大程度上是因为他总能在"干净"和"线条"上带给你惊喜。但更多的人却成不了培东,因为所有的灵感都来自他几十年的积淀和发乎内心的对于文学、对于语文的热爱。匠人与大师的差异是,前者模仿,后者创造。

　　这节课的洗练有二:一是,编者为什么改变原文加上"一条命,用来教书",由此牵动整篇文章?二是,第九条命为什么写得不一样?由此探究作者的行文风格与精神世界。有人说他这节课,"心底装着余光中,心底装着文字,心底装着学生"。此一语,恰道破语文好课之真谛。还有人说,培东的课是"一个人指路,一群人探路"。这大概是好课的又一标准吧。读到这里,我不得不说一句,本书的"现场声音",是"课堂再现"后的又一亮点。

　　晚上,与几位语文人聊起语文,他们很诧异我在整本地读肖培东,或许在他们的眼里我总是孙绍振、王荣生之类,开口课程、闭口文学社,现在又新添"互联网+"了。晚上,读钱老写的本书的"序",再读培东的"后记"《浅浅深深,语文是你》,坚信,培东用自己的课、用自己的文字,以及课与文字背后支撑的理念与情怀定义了什么是好的语文老师。一点不夸张地说,《浅浅深深,语文是你》就是一篇情感真挚、语言精美的散文,其文质堪比"大家"。想想中国的语文老师们,课堂只能讲题,文章只会"编辑",我也只能用一声叹息,回应这个变形的教育,回应这个浮躁的世界。

五、《就任北京大学校长之演说》

　　培东是高中语文教师,16个文本大部分是高中课本中的,有的不甚熟知,凡每读一课例,必先找到原文,读一两遍,始看"实录"。

　　26日,"早读"后开始品鉴《就任北京大学校长之演说》一课。我有一个阅读习惯,读完"课堂再现"后总要掩卷而思,课好在哪里,不足在何处。带着这样的思考再去看别的部分,但很快就被培东的"教学感言"俘获,竟有"崔颢题诗在上头"的恐慌。《就任北京大学校长之演说》因是百年前的文字,对于现场的学生而言是有阅读障碍的,事实也是如此,尤其在课堂开始的时候，如果把文本当作"定篇"来教，必然会深陷其中，需要费点疏通的功夫。培东的课一直在关注两样东西：一是文体体式；二是"这一篇"意识。这一点，你从他课堂的PPT就能发现。一般而言，老师们的PPT是问题的设计，这很可怕，学生的听力就是这样下降的，有的还注明"整体感知""一读""二读""课中小结"等字样。这样的PPT与其说是为学生准备的，倒不如说是老师自己的"备忘录"。

针对"演讲"这一体式，本节课有四次水到渠成的PPT展示："思路清晰、中心明确""面对沉疴、有针对性""古朴典雅、浅显易懂""语重心长、情感真挚"。既有演讲词的特征，还有"这一篇"的特点。更为重要的是课堂结论是通过师生围绕文本的对话自然得出的。何立新老师看得明白："绝不用自己的意见先行来取代学生的阅读体验和思考……看似不经意，实则有精细的设计与考量。"当然也少不了通过朗读，反复进行演讲语言的实践。

夸得太多了，怕这家伙骄傲；不夸吧，又忍不住。相信"慢下来，活出自己，享受生命的从容与宁静"，他不只是说说的。

六、《始得西山宴游记》

傍晚，与在读文学院的儿子散步，聊起文学的标准化答案、聊起教育的一致性、聊起大学的普遍生态。天之骄子们早已习惯了背诵，习惯了服从教科书的结论，习惯了习惯。在"走不过今天，哪有明天"的苦口婆心劝说之下，又有多少孩子、家庭最终选择了向体制投降。

这篇课文一般老师用两课时，第二课时最后五分钟会让学生抄写PPT上的"作者的思想感情"："记叙了作者发现和宴游西山的经过，描写了西山的怪特，抒发了对怀才不遇的愤懑和现实丑恶的无奈之情。"并苦口婆心教导曰："这要背诵，期末要考！"其余时间只做两件事：翻译和背诵翻译！

看看培东这节课做了什么：（1）题目能不能改成"西山宴游记"？（2）与其说柳宗元在游西山，倒不如说柳宗元在_____西山。（3）对比两种"游"。（4）柳宗元能归西山吗？"主问题的教学，最重要的是让你的主问题既能包住文章又深入文章。"一节课，"披文入情，沿波讨源"，层层深入，学生所填动词，既"包"住了柳宗元的复杂的情感，又"包"住了西山盛景的文言句子。十几个动词，把文本滚了个稀烂。接着有惊天一问："柳宗元能归西山吗？"这一问，就打通了写景与写心的墙壁，一片豁然。实际上，柳宗元所描写的西山一带，只是一般的丘陵，并非崇山峻岭。他不过是借景抒怀，在山水之间浇灌自己的情感，赋予山水以个人的情志。山川壮丽却无人赏识，如同士人之怀才不遇。

相比于翻译加背诵翻译的文言文教学，高低立显。当然，也发现了一些问题：限于借班上课，明显有阅读障碍原生态的公开课往往如此，非培东之辈，未敢尝试。

七、《菩萨蛮》（人人尽说江南好）

27日早上，开始学习韦庄《菩萨蛮》（人人尽说江南好）一课。老师们会怎么上？我不去猜，但他们一定会说，这首词，没什么好讲的，半节课搞定。自然，你"讲"也会有精彩，但学生呢？没有了体验，没有了实践。"讲"为什么至今大行其道？因为"讲"只要有文学便可，对于记忆力好的老师来说，文学也不是必要的，君不见很多老师的课本上密密麻麻，甚至还有五彩斑斓的贴纸，问问"精通时事"的人，答道：那是"教参"重点。"学"呢？还要有教育学、心理学、语文学在支撑你。

如何学？看看这节课的"大数据"：各种形式的读40余次；让学生读教材中的注释、单元导读6次；品鉴词语6处，"春水碧于天"之"于"、"画船听雨眠"之"听""眠"、"垆边人似月"之"似"、"未老莫还乡"之"莫"、"人人尽说江南好，游人只合江南老"之"尽"与"合"。方法上有换字、有想象、有对比。而这些，都是通过读来体味，"心到声到"。"江南好""江南老""念家乡""愁断肠"——整节课"有一个台阶式的攀升，就可以自然体会到碧水茫茫无处不是愁绪，漫过天际的都是痛苦与思念"。

能看得出，这个班的学生基础不错，很多发言十分精彩，这是公开课可遇不可求的。韦庄《菩萨蛮》一共五首，课堂容量还可以据此加大些。另外，我发现培东的课让学生"齐读"处不少，这点值得商榷，读虽有定数，但也因人而异。

八、《小小鸟窝，大大世界》

"爸爸 / 我的牙齿掉了 / 你看 / 夜空中最亮的那颗心 / 就是它。"这首短诗是培东儿子肖惟肖十岁时所写，培东把它收录在作文课《小小鸟窝，大大世界》实录前的"浅浅小语"里。本书的每个单元前都有"浅浅小语"，篇篇耐读，或如水中画舫，船头一袅娜的撑着花纸伞的女子；或如野渡小舟，船中有一穿着粗布花衫的撑着船篙的曼妙少女；或如蓝天碧水、蝴蝶纷飞下一对嬉戏的儿童。

读"后记"《浅浅深深，语文是你》，感动不已，一为培东的真性情所感动，他的课里面溢满的都是真情；一为培东的博雅的文字所感动，感动得有些羡慕。但我知道，一位好的语文老师只是自己能写得一篇好文是远远不够的，还要将这份本领传授给学生，这大概是语文老师与作家的差别吧。虽然好的阅读课就是好的写作课，但我还是想知道培东的作文课是怎样的生态。

《小小鸟窝，大大世界》满足了我的愿望，他从该校校园的小草谈起，让孩子们猜猜山瘦水寒的季节里"我想到什么"。这种从身边的事情谈起、以聊天的方式切入几成"肖式"导入法了，学生的思维果然被激发开来，从想到绿色到生命再到温暖，培东说，"我想到了你们！"再一次拉进了和孩子们的心理距离。接下来自然导入高考模拟题"有一种人生不是运气"，并用多幅景物图进行"思维训练"，然后是鸟窝的联想，最后的高潮是让"鸟窝"走进高考作文。培东展示了四个作文题——"时间都去哪儿了""这世界需要你""无用之用方为大用""经验与勇气"，让学生"利用鸟窝去思考"，"表达鸟窝和它们之间的联系"。后来有八位学生进行了展示，平心而论，都不错。培东的评点准确而富有启发。

我的思考是，四道高考题与"鸟窝"联系了，联系得也很恰当，但是接下来孩子们还能写什么？"联系"大概200字，余下的600字写什么？还有，学生所写作文文体是什么？议论文？不像。散文？太短。嗯，有空请教下。

九、《山水永嘉，飞翔语文》

第八个课例《山水永嘉，飞翔语文》，是一篇"校本教材写作课堂教学实录"。说实话,这个标题没怎么弄懂,或许是"校本"的缘故吧。这是最不像"肖培东"的一节课,首先是课堂无时不在的励志,再是对于家乡的自豪的夸饰,还有课堂内容之间缺少流畅的过渡。或许我还没有完全弄懂背景吧。

看几位老师的"现场声音"和蔡伟教授的评点,他们似乎跟我有同感,蔡教授说这节课有"五味":哲学味、文化味、情感味、艺术味、语文味。当真"五味杂陈",我就不知何味了。去看看《一双手》,如何?

十、《一双手》

《一双手》竟然是苏教版九年级上册的课文,我大约是知道的,也是不知道的。有些模糊的印象,对于这样一些学生作文般的课文我是很不屑的,所以几年来也没把该文当回事。况且我一直怀疑课文内容是虚假的:"一天能栽1000多棵树!他的手一天得往土里插三四千次! 10天、20天呢?……这双手亏得是肉长的,若是铁铸的,怕也磨光、磨透了。"主人公该不会练铁砂掌吧?更何况,栽树都是用工具的,原始社会就开始用石块了,还用手去插?估计是当初宣传"英雄人物"的需要。从艺术上看,该文放在九年级显然没有北师大版放在四年级恰当,四年级学会把话说清楚,把事写明白。

不知道,这是怎样的一次活动,相信培东上这课也是因为主办方的"建议"。培东十分厚道,还是想出了"小中见大""平中见奇"的"浅文深教"的办法,黄厚江老师等也予以了肯定。

十一、《斑羚飞渡》

28日的早晨是令人沮丧的,雾气蒙蒙,视野逼仄,还飘着小雨,好在有经典的存在,晨读《论语》(八佾篇第三),自然又有新的收获。

接着看《斑羚飞渡》这个课例。作品是沈一鸣1952年创作的小说,该小说描写的是一群被逼至绝境的斑羚,为了赢得种群的生存机会,用牺牲一半挽救另一半的方法摆脱困境的壮举。培东的课有一个最大的亮点,用他自己的话来说,即:"努力寻找最细小的语言点,一个字,一个标点。"此课再次演绎了这种精彩:"斑羚飞渡,是一次_____的飞渡?"接下来就是一个个关于语言的对话。其实这样的设计也是大家常有的,但培东做得最精致。第一，锁定与全文教学价值最相关的段落；第二，设计与学生阅读体验相关的问题；第三，学生展示各种体验，并找出理由（段句），老师引导学生进入段句的"最细小的语言点"，并通过诵读指导来完成感悟；第四，用新的提示，将学生体验引向思维的深处；第五，精彩总结并自然过渡到新的环节。环环相扣、环环相连，如大国工匠之手艺，密丝合缝，常常令人拍案叫绝。很多人也这么做，为什么没有期待的精彩？答曰：术可学，道难仿，"本立而道生"，好课之本最后取决于老师的阅读。邯郸学步，贻笑千年。

虽然，培东的课清如水，亮如月，处处微澜，件件清亮，但这节课是有高峰的：第一处是培东发现有个学生"把手举起来又缩了回去"，便说"来，你来"。这个孩子说"惊险"，后改口"悲惨"，老师指导后又为"悲壮"，层层深入，渐至佳境。第二处是课堂快结束的时候一生说"我觉得这样的飞渡也很自私"，使文本理解进入"生命无所谓大小、无所谓老少"，一律平等的新境界。这两处分别缀于课堂的前后两个黄金点上，如宝石般耀眼。或许有人说，"可遇不可求"，但我要说，课堂的高峰从不会拜访无准备的人，更不会拜会准备偏向了的人！

这一课的点评名师是王君老师，新生代名师"南肖北王"在业内是有传言的，窃以为然，王君的课，云蒸霞蔚，一片灿烂；培东呢，风淡云轻，朗照一片。都是语文好天气。王君说：培东的《斑羚飞渡》"是潺潺的流水，是风清气和，不煽情，也动情；不血腥，也深刻"；"培东教得低调，教得细腻，教得智慧，教得温情脉脉"；"牢牢地'踩'在'这一篇'文本的土地上，不摇不晃，不偏不离"。"南肖北王"，大约也是惺惺相惜，那简直是一定的。

十二、《春酒》

上午的《斑羚飞渡》让我的心情久久不能平静，又宏观地回忆了当下的语文课，更是多了一些唏嘘。午休后，开始品尝《春酒》，这是琦君的文字。故乡的一切与儿时的印象叠印在一起，辉映成一片快乐而感伤的迷。春酒、会酒，醉了母亲，醉了"我"，也醉了无数读者，"我"的天真可爱，母亲的善良能干，乡人的淳朴厚道，在"春酒""会酒"席上不断氤氲起来，弥漫成浓浓的人情民风之美。

老习惯，掩卷想了下培东将怎样别出心裁，又想错了，他竟然从标题——"春酒"入手。更没想到的是，共有11名学生品读出了11种味道，大致推算了下，读了10分钟。试问培东到底在干什么？我的回答是——酿酒！酿"春酒"这一课的酒，年份越长，酒越香，情越浓，课也越浓。但我又想，这一节课他都在酿酒，那么这个环节大约可以说是酿酒的第一步吧。看他的"总结"："对，两类。一类是回忆春酒时的陶醉、甜美、享受。一类是清醒后找不到春酒的那种惆怅、忧愁。"接下来的"酿酒"的步骤就是依次找出这两种情绪的支撑性文字。

"现场声音"传递出这样一句："课好，可考试怎么办？一堂课只解决了那么几个词语。"持这种观点的是离开语文"正道"很久的人，这是语文教育的悲哀，更是对语文教育的无知。

十三、《皇帝的新装》

下午，可能是在书房待久了，有点闷，走到客厅，果然神清气爽了，准备看会儿电视，但总有牵挂，转身去书房拿出"浅浅地"，应该到《在沙漠中心》了，但文本不熟悉。这几天做了一个"浅浅地"文本汇集，人教版和高中的文本总要先读一读的，这样才能发现课堂之妙。看《皇帝的新装》，也算耳熟能详。这篇童话演绎了一个愚蠢的皇帝被两个骗子愚弄，穿上了一件看不见的——实际上根本不存在的新装，赤裸裸地举行游行大典的丑剧的故事。一般认为它深刻地揭露了皇帝昏庸及大小官吏虚伪、奸诈、愚蠢的丑恶本质，褒扬了无私无畏、敢于揭假的天真烂漫的童心。培东将会怎样演绎？他上小说和散文的路数我还是有点谱的，童话就不好说了。再加上《皇帝的新装》被无数名师演绎过，近年来，文学评论界也有许多"新发现"，什么"高贵与卑贱的对比"、什么"社会隐喻"、什么"生存策略说"、什么"语言与物的关系"，等等。当下语文教学有两个基本问题需要解决：一是先进的理念如何转化为教学行为；二是表层的热闹与深层的目标达成的关系。

郑桂华老师对于培东的这一课曾打过一个比喻：培东像一个专业的导游，能从游人如织的景区中找出一条最经济的路线图，且景点精华尽收其中。这一课，就有这样一条清晰的小路：什么是童话—童话的特点夸张—哪些细节在夸张—谁导演了这场夸张的戏—设计新结尾感受童话的启示。波澜不惊的设计，却能"得其要""得其体"。课堂对话中，有一句话几乎每个课例都出现一次，只是这次出现了四次——"不要着急回答，慢慢想"。在课堂中，培东就是一名指路人，学生则是探路者，培东指完路以后，他就消失了，别急，他会在十字路口现身的，更会在学生"误入歧途"后将他拽回正道。"学生为本"是最"先进"的理念，是新课程的逻辑基础。不停留在口头，落地生根，是培东的课之所以能不断带给你惊喜的深层原因。

十四、《自己的花是让别人看的》

晚上，感到气温回升了，关闭空调，打开窗户——很快就要立春了，万一有春风溜进来呢。再次跳看课例，最后一篇，《自己的花是让别人看的》。这是人教版小学语文五年级下册第八单元第25课的课文，这篇课文是我国著名语言学家、教育家和社会活动家，北京大学教授季羡林先生写的一篇精美隽永的短文。作者首先点明了德国是一个爱花的国度；然后回忆了自己早年在德国留学时亲身感受到德国人非常爱花；接着用优美生动的语言，描述了德国家家户户窗口都开满鲜花的情景，并抒发了自己的感慨——"人人为我，我为人人"这种境界"耐人寻味"；最后讲述作者再次来到德国，又看到这番情景，表达了自己旧地重游的感受，即对德国奇丽风景和与众不同风俗习惯的赞美之情。

培东基本还是沿用自己熟悉的路数，只是身段更低了些，语用的实践更多了些。但从老师们的"现场回音"和王崧舟老师的评点来看，他们似乎都没把话说透。我教过小学五年级一年，六年级一年，那是最幸福的两年，孩子们的无比崇拜和课堂上的无比配合让我整日小曲不断，他们对语文的兴趣甚至影响了他们之后的文理科选择。但我确信自己是不合格的小学语文老师，如板书不工整、笔顺随意、忽略基础，等等。后来听说某中学名师也在上小学的示范课，看过几节实录，几乎也有我同样的问题。如果语文还是一门专业的话，还是扎根在本学段，像培东一样，偶尔客串下，无伤大雅。若以此为乐，以此为范，还是住手吧。

十五、《在沙漠中心》

阅读"浅浅地",还有一个兴奋点,16个课例各有一位名师在评点,而这些名师除了一两位不甚熟悉,其余都是老面孔,听过他们的课、读过他们的文章,深深地受过他们的影响。读培东的课,读名师们的评点,总有一种豁然开朗的感觉。

《在沙漠中心》,是圣埃克絮佩里的作品,被选入人教版语文七年级下册第22课。文章讲述在1935年的一次飞行中,飞机坠毁在沙漠之中,在各种求救求生措施均告失败后,濒临死亡的他却感到一种内心的平静。文章给人以内心的震撼。

阅读"浅浅地",你是要关注细节的,"现场声音"透露了这样一个细节:"肖老师在课堂上几乎没有看课文,但学生不论讲到何处他都能'无缝对接'接过话头。"在他若干次的"感言"里都透露出了他阅读文本的"艰辛",更有"初极狭"后的"豁然开朗"。这节课,至少有两次会使他"小得意"的。一次是"纲举目张",找到了三句可以"提领一顿,百毛皆顺"的句子。(①我对自己说:"这不是寒冷,是别的原因。是我的大限到了。"②我听见自己说:"这里有一颗干枯的心……一颗干枯的心……一颗干枯得挤不出一滴眼泪的心……"③"上路吧,普雷沃!我们的喉咙还没有噎住:我们应该继续走下去。")还有一次是他"盯着文章的标题,想着遥远的那片沙漠",给"在沙漠中心"加上了一个"的"——在沙漠中的心。培东呀,培东,懂你的人可否再加上我一个?

十六、《我的早年生活》

29日早晨八点,天灰蒙蒙的,小区安静得如同子夜,街道上稀疏穿行的汽车也喑哑了自己的喇叭,是为早起的鸟儿祝福吗?《我的早年生活》是丘吉尔依靠自己的记忆,根据以往的记录并仔细核对了事实真相,讲述了他从学童、哈罗公学学员,成长为一名少尉军官、战地记者和年轻政治家的经历。书中还再现了丘吉尔各年龄阶段相应的观点和看法。概观全书,读者不难发现,书中描绘的是一个已逝去的年代。通过丘吉尔,人们可以看到变化中的社会：从社会性质、政治基础、战争、年轻人的世界观到价值体系，等等。课文选自其中的一部分。

于漪老师说："不深思，你怎么知道这些文字背后的东西呢？感性的认知都是朦胧的，因此你如果要让学生真正理解，获得清晰的认识，就一定要从感性上升到理性，形成系统的语言，形成理性的思考。为什么我们的课不能刻骨铭心？不能震撼学生的心灵？不能打动他们心灵深处的一隅？就是因为我们往往是泛阅读，是在文字的表面游移。"培东是受了这段话的深深影响的，他的课无论是怎样的课型，始终如一贯穿的就是对于语言文字的品析，几乎用尽了我们所知道的各种方法。

看完了，已经很长时间没有这种收获感了。培东十几年磨一剑，为我们奉上了一次大餐，我在心底感谢着这位兄弟、这位语文人、这位文学人……他是钱老的学生，他比钱老幸运，也比钱老不幸。他生逢语文盛世之中，也生逢语文荒芜年代。他在群雄逐鹿的战场突奔，他在语文备受挤压中灿烂，他在阅读父母、尊长、幼弱中发现医治语文的青蒿素。他在喧嚣中选择沉默，他在沉默里选择爆发……

"我就想浅浅地教语文"，培东，去掉"就"字，好吗？其实，我不希望你去掉，你太温和了，语文的现状如此糟糕，"就想"才能拯救。原谅我，用了这么长的时间才把它读完，你的课其实一点也不浅，所谓"浅浅地"，大约是一种姿态、一种语文的宣言。16个课例，几乎篇篇是朗读教学的经典范例，是主问题设计的经典范例，是语言教学的经典范例，是生成性教学的经典范例，是课堂教学语言的经典范例，是启迪语文老师专业成长的经典范例。你的课，如春水，流淌着生命与诗意。我能做的，只有让它在我的心头，缓缓流淌，流经处，一片盎然。

当然，有的课也不是最完美的，不完美才是常态。比如，语言的赏析上下足了功夫，又能成功对话，往往不得不忽略文本的整体性。又如，因为师生对话的灿烂，而让生生对话成为课堂的稀缺。再如，常见齐读，必然遮蔽了孩子们对于文本的个体体验。整体性、生生对话、个体诵读，于公开课而言是看不见的精彩，有意、无意的忽略都是遗憾。即使是擅长的语言品析，也并不是所有的作品都适合，语文太丰富了，学习的方法也应是丰富的。

实践篇
好课的应有样态

- 可以这样教《穿井得一人》
- 可以这样教《秋颂》
- 可以这样教《写"豆腐干"文章》
- 可以这样教《松树金龟子》
- 可以这样教《乡愁》
- 可以这样教《事物的正确答案不止一个》
- 可以这样教《背影》
- 可以这样教《沁园春·雪》
- 可以这样教《父母的心》

可以这样教《穿井得一人》

课堂提要：文言寓言《穿井得一人》怎么教（学）？这节课一改传统课堂疏通字词、背诵全文的模式，选择了"玩"——"玩"诵读，"玩"翻译，"玩"故事，"玩"寓意，"玩"改编。把一个故事"玩"了个熟，把一通寓意"玩"了个遍，把一则寓言"玩"了个透。儿童，最喜"玩"。

【课堂实录】

《穿井得一人》，可以这样"玩"

时间：2016年12月3日上午
地点：西安长安区兴国中学
班级：西安长安区兴国中学七（3）、（4）班部分同学
活动："初中语文新教材（部编本）课堂观摩研讨会"

一、"玩"诵读

师：大家预习了，是吧？额？这位同学没批注嘛，预习要留下痕迹哦。

读一下课题。

生：穿井得一人。

师："穿"什么意思？

生："挖"。

师：看书上的解释。

生："挖掘、开凿"。

师：不过，翻译的时候直接用"挖"就可以了。题目怎么翻译？

生：挖井得到了一个人。

师：有歧义。

生：挖井如同得到了一个人力。

师：哪位同学来读一下课文？

（一生读。）

师：哪位同学评点下？

生：太快了。后面几句还不太熟练。

师：断句有问题吗？

生："及其/家穿井"应该读为"及/其家穿井"。

师：很好。大家标注下。

师：你们看看我用红色标注的三句话有什么共同的特征？

生：都是人说的话。

师：那么读的时候应该要注意什么？

生：把握人物的内心活动吧。

师：哪位同学愿意读一读？

生："吾穿井得一人。"

师：你这是什么心理？

生：很高兴。

师：再高兴点。

生："吾穿井得一人。"

师：好一些了。我们换一位同学继续读好吗？

生："丁氏穿井得一人。"

师：你想表现的心理是？

生：激动。

师：其实有时候传播小道消息的时候喜欢……

生：悄悄地说。

师：甚至鬼鬼祟祟地说，你再试一下这种风格。

生："丁氏穿井得一人。"（生笑）

师：第三句，谁来？

生："得一人之使，非得一人于井中也。"

师：你是在？

生：辩解。

师：还可以再夸张一点哦。

师：好。现在我们根据自己的理解，自由读一遍课文。（生读）

师：都会读了吧？（生点点头）会读？我请一同学来读。（生纷纷举手。屏显没有标点的原文，生读。再屏显竖排没有标点的原文，生再读。）

师：我们再来齐读一遍（竖排）。

（生齐读。）

二、"玩"翻译

师：大家已经预习过了，会翻译了吗？（生不确定）你们这样，把翻译讲给你的同桌听，王老师左手边讲给右手边听。书上有一些注释，王老师又补充了一点。翻译有困难可以看看屏幕的提示。（屏显）

宋之（的）丁氏，家无井而出（到外面）溉汲，常一人居外。及其家穿（挖）井，告人曰："吾穿井得一人。"有（有人）闻（知道、听说）而传（传播）之者："丁氏穿井得一人。"国人道之，闻之于（对、向）宋君。宋君令人问之于丁氏。丁氏对曰："得一人之使（使唤），非得一人于井中也。"求闻（寻到的消息）之若此，不若（如）无闻也。

师：哪位同学来翻译？（很多学生举手，找了位角落里没举手的女生。）

生：（断断续续）宋国有家人家姓丁，家里没井，要到外面去，一个人住在外面。

师：哪位同学帮帮她？

生：是"姓丁的人家"，是"灌溉浇田要到外面去"，"常常"没翻译出来。

师：现在请你（角落里的女生）再把第一句翻译下。（生翻译）接下来的内容哪位同学试试？

（一生翻译，基本正确。）

师：我们来做点积累。你们看看这三句话中"闻"怎么解释？（屏显）

1. 有闻而传之者。2. 闻之于宋君。3. 求闻之若此。

生：第一个"闻"是"知道，听说"。第二个是"使……听说"。

师：不错，使动用法。

生：第三个是"消息"。

师：很好。批注下。

师：还有两个句子，你们翻译给自己听。然后我请你们汇报。（屏显）

1. 国人道之，闻之于宋君。2. 宋君令人问之于丁氏。

生：我翻译第一句：国都里的人都在讲述着这件事情，使宋国的国君知道了这件事。

生：我翻译第二句：宋国国君派人向丁家询问。

师：这两位同学翻译得都不错，现在请大家把全文以故事的形式讲给你的同桌听，这次倒过来，右手边讲给左手边听。

（生讲故事。）

三、"玩"故事

师：大家刚才讲故事了，你们是遵从原文的，对不对？

生：对！

师：用的第几人称？

生：第三。

师：好，那我们用第一人称再讲故事好不好？（生茫然）这一大组，你们是"丁氏"，讲故事的时候用"我"（丁氏）；这一大组是"国人"；这一大组是"宋君"。准备下。

师：丁氏先开始（无人举手），有困难吗？那我们改从"国人"开始吧。

生:"我"听说丁氏打井挖出了一个人。

师:没了?你跟谁在聊天?他又是怎样回答你的?结果呢?重来一遍好吗?

生:"爸爸、妈妈:我听说丁氏打井挖出了一个人。""你瞎说。""真的。大家都这么说。"过了几天,宋君派人问丁氏,才知道了事情的真相。

师:对呀。这样故事就完整了。"宋君"谁来?

生:今天有大臣告诉我,说城东有一户姓丁的人家挖井挖出了一个人,我才不相信呢!就派人去打探,原来是丁氏挖好一口井后,井就能灌溉了,这如同得到了一个人的劳力。

师:你的故事采用叙述的方式,很简洁。最后是"丁氏"。

生:我是丁氏,最近挖了一口井,田里的灌溉方便多了,也节约了一个人的劳力。我很高兴,就跟人说:"我挖井得到了一个人。"没想到这句话被大家传为我"挖到了一个人",连宋君都知道了,还派人过来核实。我赶紧告诉了他们真相。

师:换个叙述角度讲故事,尤其是"宋君"和"丁氏",都讲得不错。这篇文言文是一则什么?

生:寓言。

四、"玩"寓意

师:寓言有什么特点?

生:一个简短的故事,故事后面是一个深刻的道理。

师:也就是"故事+道理"啰。(生点点头)

师:这个"故事"有什么特别之处?刚才这位同学已经说出了第一个特点:简短。

生:是好笑的,假的。

师:假托的。还有什么特点?

生:各种东西都可以说。

师:也就是拟人啰。好了,寓言一共有三个特点。

生:简短、假托、拟人。

师：是的，"道理"呢？

生：通俗易懂，还很深刻。

师：通俗易懂，往往就不深刻了；深刻了，往往就不通俗易懂。

生：劝人做好人。

师：这个说法很通俗，也就是带有"劝诫"的意思。有时候，还有讽刺的意味。我们来看看《现代汉语词典》的解释。（屏显）

用假托的故事或自然物的拟人手法来说明某个道理或教训的文学作品，常常带有讽刺或劝诫的性质。

师：《穿井得一人》的寓意又是什么呢？

生：不要轻信别人的话。

师：还有别的寓意吗？

生：不要传播未经自己考证的话。

生：说话要完整，防止出现歧义。

生：对待传闻应采取审慎的态度，调查研究，去伪存真。

师：你们看，同样一则寓言，就有多种寓意，且角度是不同的。有的基于丁氏的角度，"说话要完整，防止出现歧义"。有的基于——

生：国人的视角，"不要轻信别人的话"，"不要传播传言"。

师：有的基于——

生："宋君"的角度，"调查研究，去伪存真"。

五、"玩"改编

师：下面我们自己来编故事好不好？（生不解）我们根据《穿井得一人》，改变情节，形成新的故事，然后告诉别人新的寓意。我来举个例子：

丈夫对妻子说："东城丁氏挖井挖出了一个大美人。"妻子说："鬼才相信呢！"于是夫妻二人争执起来，最后发展到肢体冲突。丈夫一生气，休了妻子。（生笑）这个故事告诉我们：夫妻要和睦为上。

（生先自己思考，一分钟后四人小组讨论。）

生：宋君听说丁氏挖井挖出了一个人，他感到很稀奇，就派人前去捉拿那个挖出的人，当然是空手而归。宋君一气之下，杀了丁氏全家。

师：够恐怖的呀！你这故事告诉我们什么？

生：自己悟。（生笑）

师：那你先"悟"一下。

生：说话要清楚，否则就有杀身之祸。

师：还有谁能悟出新的寓意？

生：因言获罪，只能说明君王无情。

师：就是。还有谁编了新的故事？要直接说出寓意，不能"自己悟"哦。

生：宋君听说丁氏挖井挖出了一个人，他感到很稀奇，就派人前去捉拿那个挖出的人。士兵发现真相后，为了向宋君交差，把丁氏抓了去。这个故事告诉我们，欺上瞒下，害人不浅。

师：也可以从丁氏的角度说，说话严谨很重要。继续。

生：我是从丁氏的角度编的。他挖好井后，为了防止别人到他家打水，整天闭门不出。邻居十分奇怪，于是有了各种猜测，最多的一种是他挖井挖出了一箱金子。这事传到了土匪的耳朵里，土匪趁着夜色摸到丁氏家里，结果……

师：你可以当编剧了。你想告诉我们？

生：帮助别人，手留余香，否则后果很严重。

师：谢谢同学们，你们身上充满着阳光，满满的都是正能量。寓言是个好东西，当你要说服别人的时候，不妨来则寓言，小故事、大道理。《穿井得一人》后来就演化成一个成语了，叫"穿井得人"。最后，我们再来齐读一遍课文。

（生大声齐读。）

师：下课。

【教后反思】

文言文，为什么要这样"玩"？

现实是，文言文学习只有一个方法——翻译，能够翻译，大功告成。其实，这是只见"言"而不见"文"的偏见。2016年12月3日，我和西安市长安区兴国中学七（3）、（4）班部分同学（周六，路近来校的同学）一起学习"部编本"新增篇目《穿井得一人》。按照黄厚江老师上《黔之驴》的说法，就是"玩"，"玩"诵读，"玩"翻译，"玩"故事，"玩"寓意，"玩"改编。把一个故事"玩"了个熟，把一通寓意"玩"了个遍，把一则寓言"玩"了个透。儿童，最喜"玩"。为什么要这样"玩"呢？

第一，这是以文言的方法学文言。学习文言文，少不了字词翻译与积累、句子翻译。如果选择"串讲"，表面上看，完成了文言文学习的最重要的一步，但因为是"教"，而不是"学"，所以很难在"串讲"时让学生"走心"，最好的办法是改"教"为"学"。课例分为三步：第一步，三句话的人物心理体会——"吾穿井得一人。""丁氏穿井得一人。""得一人之使，非得一人于井中也。"这是为掌握全文内容服务的。第二步，提供一些补充注释，学生自行翻译。这一步很关键，从实际落实来看，差异还是蛮大的，但我在课堂"死磕"那个不怎么熟悉的学生，第二次翻译果然有进步。第三步，两次积累，一次是"有闻而传之者""闻之于宋君""求闻之若此"三句中"闻"的比较；一次是两个文言句的再次强调。当然，这些翻译是和故事中人物的心理、诵读相连的。

第二，这是以语文的方法学语文。比如"诵读"，是贯穿这节课始终的方法，从整节课来看，主要有三个阶段：第一阶段，熟悉文本阶段，通过一学生的读学会断句；通过"三句话"的体会，概览全文；通过自行翻译与对话，熟悉文本。第二阶段，"玩"了三次——去标点读，去标点竖排再读，去标点竖排齐读。第三阶段，讲故事、说寓意、编故事过程中的读和最后一次齐读。三个阶段，读的形式有别，作用也有别。

再如这节课中的"讲故事"，由第三人称换成第一人称"我"（丁氏、国人、宋君），这种方法不仅可以使学生进一步熟悉文本，也为后面"编故事"张本。

第三，这是以寓言的方法学寓言。王荣生老师说过"教什么比怎么教重要"，教学内容的确定取决于文本的文体特征。现在很多老师的阅读教学是不管文本体式特征的，统一"整体感知""重点段落分析""主题把握""词语揣摩"。正因为如此，《背影》被误读为写"父爱"，几十年如此，殊不知散文有"自叙传色彩"，《背影》其实是作者自己的情感的抒发，而不是写父亲对于儿子的爱。我们读《皇帝的新装》忘记了童话的普遍意义，只认为是讽刺皇帝和大臣的虚伪，当安徒生犀利的笔锋指向那个现尽洋相、丢尽脸面的皇帝时，无一例外同时也对准了那群谙于世故、泯灭真诚的人们，只是又对他们进行了艺术的区分。

所以，当把故事"玩"熟了以后，从"寓言"体特征开始，问孩子们这则故事告诉了我们什么道理。孩子们七嘴八舌说出了四五种，最后总结出三种典型的，更重要的是找出了三种寓意的不同角度——从丁氏的角度、从国人的角度、从宋君的角度，由陈述性知识过渡到程序性知识。

第四，这是以"这一篇"的方法学"这一篇"。最后一个环节是"编故事"，依照原文，重新创作，一开始学生有点不解，我就举了例子，孩子们的思维很快被打开了，于是各种创意就出来了。这是一次"运用"，孩子们不仅享受了创造的快乐，还能"亲身"体会寓言是如何通过讲一个短小的故事来表达劝诫的用意的。我们以为，这也是整节课的一个核心、一个高潮，前面自然有其独立的价值，更有为此作铺垫的味道。

"玩"，不是"玩玩"的，"玩"只是表象，承载的是文言文学习的规律、寓言学习的规律、语文学习的规律，还有儿童学习的规律。

【现场感受】

狂妄不自知，自知以明智

上午听了几节课，印象最深的一节是王益民老师的《穿井得一人》。课程结束时，我有点愤愤难平，很狂妄地对同行的老师说："这也叫示范课？这样的课我也会上。"难道不是吗？我觉得，王老师的课流程非常传统。

直到听完王老师的60分钟讲座后，我才恍然大悟，原来大道至简。王老师秉承他的文言文教学法——"玩中学"，力求教出文言味，力求教出寓言味。

"玩"诵读，会断句。这一环节，教师设计新颖，用没有断句的横、竖两种书写格式，考查学生的断句掌握情况。事实证明，基于对课文的理解，学生准确断句，而且朗读时情感到位。

"玩"翻译，狠敲重难点。学生刚接触文本，根据观察，很多孩子的书面上没有批注的痕迹，也就是还没有预习文章。尽管如此，王老师并没有乱了阵脚，而是引导孩子们结合课文底下的注释及PPT中展示的重点字词，理解文章。

"玩"故事，变式中学习。寓言故事短小精悍，人物比较简单。王老师循着不同的人物，安排学生分角色用第一人称讲故事，旨在调动学生参与的积极性。这一环节课堂气氛明显活跃了起来，学生的思维达到一个小高潮。

"玩"寓意，多角度参悟。文本中出现了国人、丁氏、宋君这些主要人物，王老师引导学生从不同的人物角度，谈谈自己的阅读感受。这一举措的背后，隐藏了学生对人物事件及形象的"温故"，可谓一举两得。语文核心素养讲求的就是"创新"，我们的孩子们现在受教参、教辅、教材的束缚，形成的大多是教参语言、教辅语言、教材语言。新课程理念提倡学生有自己的思维，呼吁新的思想，没有独立的思考，没有创新的思维，又谈何转变？

"玩"改编，学点寓言体。小故事，大道理，故事进展不同，寓言的寓意也将发生翻天覆地的变化，这样的设置让学生在与文本的碰撞中喷射思想火花。

这样的一堂课，将要花费授课者多少的匠心！听了王老师对一番"玩"的阐释才明白，看似普通平常的一节课中，竟然隐含着这么多的门道——无奈自己的狂妄与无知，幸亏没有当着王老师的面说出那句话，否则实在是无地自容。

我们一般教师是在严肃地教语文，生怕遗漏了一个环节，使课堂失去整体性，而王老师是在"玩语文"，课堂像溜溜球一样忽缓忽急、忽上忽下，自如地在他的手中灵活地旋转。这样的语文课又何必局限于一些细节呢？

如果仅仅凭借这五个"玩"就改变我对这堂课的整体印象，有点难。大家的风范，岂是一个"玩"字了得？那种孜孜不倦的钻研精神，那种笔耕不辍的知识与经验的积累，那种产生独特见解的智慧之花，无不令我望尘莫及，自叹弗如，肃然起敬。

王老师以蒲松龄的《狼》为例，向我们展示了他的"无极限"魅力。他向我们展示了周晔老师、徐杰老师、王君老师、余映潮老师上《狼》一课的流程图，还向我们展示了王益民版的肖培东老师上课流程图。实际上，肖培东老师根本没有上过《狼》一课，王老师根据自己对肖老师的研究与理解，为他设想了上课环节以及问题的探究。在讲座现场，王老师还模仿肖老师，声情并茂地为我们展示了一段上课"情景剧"。

师：你来读一读。（生读，师指导。）其一犬坐于前，"犬"字要重音。

师："一狼径去，其一犬坐于前"改为"一狼径去，其一坐于前"行不行？（生答，师点拨。）

师：你再来读一读，读出"径"的毅然决然，读出"犬坐"的安然与迷惑。

这种子虚乌有的东西，仅仅是王老师的虚构吗？不，这就是他孜孜不倦的钻研精神思想的火花、智慧的彰显。这就是师生的交流，这就是生本交流，这就是文言味的语文课堂。如果没有他自己为肖老师构思的"狼黠在何处"，又哪来的"相对于狼的'六黠'，屠夫的'六幸'"呢？

还有王老师的"私开课"理论，更是令我拍案叫绝。优秀的语文老师最好的课应该不是公开课，而是"私开课"，即"家常课"：大段时间的生本对话；酣畅自由的师生聊天；随手拈来的互文材料；师生不经意生成的思想火花和语言的珍珠；充满思考力的质疑；拔节生长，层层推进，笑声满堂，意犹未尽。不错的，王老师的《穿井得一人》与其说是示范课，还不如说就是一堂家常课，师生都在听课老师的眼眉之下，第一次交流接触，没有任何预演的痕迹。一切的问题都在上课中暴露，好与不好，是与非，真知灼见或低级错误，一览无余。是的，民主引来自由，自由养成真实，真实映照思想，这就是一节如假包换的"家常课"，王老师的"私开课"。

写到这，我害怕起来，因为不听这60分钟的讲座我是读不懂王老师的课的。作为乡村一线教师，我看到了自己的不足，看到了自己的无知，更感叹自己作为语文老师的艰巨使命，也坚定了我望着名家远行的背影不断探索教学语文的信念。

（叶晓彬，福建省宁德市柘荣三中）

【专家点评】

智教·乐学·生长

说到文言文教学，师生都感到很困难，但王益民老师这堂文言文教学课，驾轻就熟、行云流水。教师轻松自如，学生乐此不倦，观者沉醉其中。做到了教师"智教"，学生"乐学"，实现了学生的知识、技能与情感的生长。

说是"智教"，是因为课堂处处显示出教师的教学智慧。

一是选择之智。一般老师教文言文，会花主要的时间于文言字词、语法的讲授，老师不停地讲，学生不停地记，却费力不见好。王老师则摒弃烦琐讲授的做法，集中于"文言感知"和"寓言理解"两点。"文言感知"以读为重，课上学生阅读达六遍之多，而翻译只提供注释，让学生译，重点关注几个字、几个句子。"寓言理解"侧重故事与寓意的关系。教学点这样选择，可谓删繁就简，清晰明了。

二是方法（引导、点拨）之智。力求让学生自学自悟，每个环节老师重在引领、点拨，先学后教。文言知识教学是学生先学先说，学生订正，老师提示要点；讲故事则是老师启发、示范，学生讲故事，改情节，说寓意。点拨于学生思维的盲点、歧点。

三是合作学习之智。王老师熟谙合作学习之法，课堂上有师启生做的"师生合作"，有一说多评的"全班合作"，有互说互听的"两两合作"。方式随内容变化，形式为内容服务，效果明显。

四是环节设计之智。本课全程无丝毫学习文言的枯燥之感，深得课堂设计之妙。如诵读，有解题后的抽读，点评引到断句和揣摩语气（说话人的心理），再自由读加以熟悉，然后抽读却去了标点，再抽读又变成竖行去标点，挑战不断，好奇连连，最后齐读满足全班同学要求进步的心理。到这里，学生已能读懂大概，读断句子，读明大意了。又如讲故事，明白本文故事后，要求变换角度讲，把第三人称的叙述改为从三个角度以第一人称来讲，转述变为直述。有趣而不重复，既熟悉课文，又训练叙事。这些"智"是源于教师以学生为主体的教学理念和重"读"的学科学习理念。

说是"乐学"，是因为这样的"智教"，充分地激发了学生学习的兴趣，让学生沉醉其中。

一是活动之乐。学生并不愿被动地做课堂的接收器。王老师的课上，学生一直都在"活动"，思考"穿"字的讲法，听同学读课文，评点同学的朗读，自己读课文，看同学读没有标点的课文，翻译课文，听同学译、点评、纠错，讲故事，说寓意。整个课堂学生都在动口、动手、动脑，一个"活动"接一个"活动"，学生参与面广，参与度深。学生动了，课堂就活了，气氛活了，思维活了。

二是变化之乐。学生读课文，不是一遍一遍地机械重读，而是每一遍有变化：听读，明白人物心理后的读，去掉了标点的读，改成竖行的读，齐读。形式、要求都在不断地变化，学生读来全是新奇之趣而无枯燥之感。几变几读之后，课文已经很熟了。讲故事，则要求变化角度，虽讲了三遍而遍遍不同，虽遍遍不同，而故事寓言之理却相同。改故事，每个人都要讲出不同的故事，事事不同，但事寓理却相同。次次变与不变，文体知识内化为学生的知识。

三是发现之乐。学生在老师的引导之下对文言知识有所发现，如"穿"字不能机械翻译的发现，对结合说话人心理读出语气的发现，对寓言故事与寓意关系的发现。学习中的发现能最大限度地激活学习的兴趣，让学生饱尝发现的快乐，是激发持续学习的最好方法。

说是"生长"，是因为这堂课学生有实实在在的收获。

一是兴趣的生长。文言学习一般比较枯燥，学生也不爱学，但这节课，学生兴趣盎然地沉醉在学习中，对文言的学习有了新的感知。

二是文言知识的生长。这节课学生能够学习理解几个实词和两个重要句子，其他语句大多能翻译。

三是文体学习的生长。相信他们对寓言的理解比较准确，不会只是机械地记忆老师给出的结论，而且对寓意的理解也不会是单一的，能够从不同的角度去理解寓意。

四是文化的生长。本课对寓意的教学，让学生认识到"不要轻信别人的话"，"不要传播未经自己考证的话"，"说话要完整，防止出现歧义"，"对待传闻应采取审慎的态度，调查研究，去伪存真"，以及"不要传播传言"，"欺上瞒下，害人不浅"之类寓意，实际起到的是读书化育的作用。从这个意义上来讲，本课确实在"知识与技能""方法与过程""情感态度与价值观"三个维度上，让学生在原来的基础上有所生长。

王老师把这堂课定义为"玩"——"玩诵读""玩翻译""玩故事""玩寓意""玩改编"，我私下认为，他强调的是不要一本正经，而要读书兴趣；不要一味预设，而要课堂生成；不要一成不变，而要多方互动。把学习变成兴趣之旅、互动之旅、收获之旅。

王老师的课能上成这样，源于他对学科（文言文）的理解，对教学（学与教的关系）的理解。他对学生的深刻认识、对学科的深刻认识以及对教学技术的熟练运用，使文言文课堂"言文并重""讲授少而收获多"，产生了一种"智教""乐学""生长"的景象。

（鲁自力，中学语文教研员，重庆市长寿区教师进修学校）

可以这样教《秋颂》

课堂提要：散文诗《秋颂》怎么教（学）？读一读、品一品，这当然需要，但你见过一节课把一首散文诗改写成诗歌的吗？本课将诗歌和语文课的诸多要素不着痕迹地贯穿在课堂始终，让学生经历了不一样的成长。形式，承载的是语言、文字和诗情。

【课堂实录】

《秋颂》：从散文诗到诗歌

时间：2016年10月20日
地点：江苏省无锡市旺庄中学
班级：旺庄中学七（6）班
活动："金军华名师工作室"课堂研讨会

一、整体感知《秋颂》

师：同学们，《秋颂》你们预习了吗？
生：预习了。

师：读了几遍？

生：三遍 / 两遍。

师：大家说说对于《秋颂》的印象，如何？

生：秋天很美！

生：罗兰笔下的秋天很美。

师：罗兰笔下的秋天有什么特色？

生：很安静 / 很高远 / "闲云野鹤"般……

二、品读"秋之美"

师：作者依次描写了秋天的哪些景物？在文中圈出来。

生：枫树 / 秋林 / 落日 / 秋院 / 闲云 / 秋风 / 秋水。

师：第2—8段，每段一种景物，你们圈出罗兰描写这些景物特色的关键词好吗？（生自主学习，圈画，约两分钟。）一种景物，你们圈了几个关键词？（生答2/3/4）好，现在你们进行比较，选出最能体现景物的关键词，你选哪一个？（生再次自主学习）

师：你先来读一读第2段（枫树），再告诉王老师你选的是哪一个词好吗？

生："代表秋天的枫树之美，并不仅在那经霜的素红，而更在那临风的飒爽。"

师：哪位同学评价她刚才的读？

生：没感情。

师：要有什么样的感情？

生：赞美。

师：除了语气上的赞美，还要？

生：有几个词要重读。

师：你试试？（生试，效果略好。）

师：王老师来读一读，你看看有没有达到你的要求。（师范读）

师：你（第一位读的同学）再试一下。（生读，效果好些了。）你选了哪几个关键词？

生:"素红""飒爽"。

师:最终选定哪一个?

生:"素红"。

师:为什么?

生:很美的素红,正是枫叶的颜色,也是秋天的基本色。

生:我有不同意见,我选"飒爽"。

师:为什么不选"素红"?

生:"素红"是颜色,"飒爽"是精神。颜色是表面的,精神是内在的。

师:"飒爽"的意思是"豪迈而矫健"。

生:对呀。枫林是"飒爽"的,是"豪迈而矫健"的。

师:我来问问大家的意见,同意"飒爽"的请举手。(举手后统计,一半对一半的样子)我也不知道哪个更能代表枫叶的特征。只要你有理由,就够了。我们一起来读一读这一句,既要读出枫林素红的美,又要读出枫林的"豪迈而矫健"。(齐读,效果好。)

师:第3段,秋林,谁来?

生:"当叶子逐渐萧疏,秋林显出了它们的秀逸。那是一份不需任何点缀的洒脱与不在意俗世繁华的孤傲。"

师:你再突出一下几个关键词,会读得更好。(生再读)

师:你突出了哪几个关键词?

生:萧疏、秀逸、洒脱、孤傲。

师:三句在情感上是逐渐?

生:加深的。

师:你不仅会读,还会说出为什么,了不起。让你选一个呢?

生:四个都可以。第一个写秋林的外形,后面三个是精神层面的。

师:狡猾得有道理。一定让你选一个。

生:我选"孤傲"。"孤傲"更加超凡脱俗。

师:是的。或许,在这位同学看来,"秀逸"能够装扮,"洒脱"可以故作,唯有"孤傲",才是与生俱来的。

师:第4段,落日。

生:"最动人是秋林映着落日。那酡红如醉,衬托着天边加深的暮色。晚风带着清澈的凉意,随着暮色浸染,那是一种十分艳丽的凄楚之美。这情景让你想流几行感怀身世之泪,却又被那逐渐淡去的醉红所慑住,而情愿把奔放的情感凝结。"

师:你分析下秋天的落日"我"感受的变化。

生:先是"凄楚",再是"奔放"。

师:哪个词最能代表落日的特点?

生:"酡红如醉"。

师:有不同意见吗?

生:让人凄楚的艳丽。

生:一开始是凄楚,再是奔放的情感的凝结。

师:我们把第4段读一读。(生读)

师:第5段。

生:"曾有一位画家画过一幅霜染枫林的《秋院》。高高的枫树,静静掩住一园幽寂,树后重门深掩,看不尽的寂寥,好像我曾生活其中,品尝过秋的清寂。而我仍想悄悄步入画里,问讯那深掩的重门,看其中有多少灰尘,封存着多少生活的足迹。"

生:我选"寂寥"。

师:为什么不选"幽寂"和"清寂"?

生:差不多吧。

师:那好吧。我们来读一遍,读出秋院那一份"寂寥",那一份"幽寂",那一份"清寂"。(生读)

师:第6—8段,分别写?

生:秋云、秋风、秋水。

师:我们一起来读一读,要读出秋云的?

生:"扰攘"。

师:"扰攘"?

生:"澹澹然、悠悠然"。

师:读出"秋风"的?

生:"纯净"。

师:读出"秋水"的?

生:"明澈"/"一尘不染"。

师:七种景物,我们各找了一个修饰语,你们看看,这像不像一首诗?(屏显)我稍微修饰了下,来一起读——

明澈的秋天/美在飒爽的枫树/美在孤傲的秋林/美在酡红如醉的落日/美在寂寥的秋院/美在澹澹然、悠悠然的闲云/美在纯净的秋风/美在一尘不染的秋水

三、品读"人之美"

师:这首诗完整吗?(生思考)可能大家还看不出,我们来读一读最后三段。(生读)最后三段描写对象有什么变化?

生:开始写人了。

师:第9段在结构上有什么作用?

生:总结。

师:总结出秋天怎样的特点?

生:"'闲'与'逸',正是秋的本色。"

师:第10段由写景转向了写人,人又是怎样的人?

生:"他拥有一切,却并不想拥有任何。"/"透澈与洒脱。"

师:读最后一段。(生读)这是最后一段,你说是在写秋,还是写人?

生:写人/写秋。

生:是"闲闲的,远远的,可望而不可即的""秋之人",也是"人之秋"。

师:秋天和人合一了,叫作"天人合一"。请根据这三段的大意,为前面那首诗,加上几句,构成一首完整的诗,好吗?

生:秋日明净的天宇间/那一抹白云/淡如秋水/远如秋山/是可望而不可即的秋。

师:你的补充很有诗意,最好由"秋"及"人",与《秋颂》一致。

生:秋日明净的天宇间/那一抹白云/淡如秋水/远如秋山/我拥有一

切／却并不想拥有任何／这是我的透澈与洒脱／是我的可望而不可即的秋。

师：你的补充写到了"人"，但这个"人"是"我"，成了"我"要怎样？口号很难与前面的诗情协调。

生：秋日明净的天宇间／那一抹白云／淡如秋水／远如秋山／如人的透彻与潇洒／又如闲闲的／远远的／可望而不可即的秋！

师：你的补充太好了，先小结，再及人，再"秋人合一"。

师：王老师也有一个补充。（屏显）

这闲与逸的本色啊／如人的透彻与潇洒／又如闲闲的／远远的／可望而不可即的／人／不／是／秋

四、《秋颂》余韵

师：散文既颂"秋之美"，又颂"人之美"，谁是重点？

生："秋之美"，因为文章篇幅大部分都在写秋。

生："人之美"，写"秋之美"是为"人之美"服务的，起笔在秋，落笔在人。

生：无所谓重点啦。老师说的，"秋人合一"。

师：大家都说出了自己的理解。很好。最后我们把这首诗完整地读一遍。（屏显，生读。）

师：谢谢七（6）班的孩子们，我们很有缘，我的QQ号就有3个"76"——767671601。下课！

【教后反思】

一起写一首秋天的诗

上周一（10月10日），军华说，你要来无锡参加"苏派语文论坛"，先来旺庄上节课吧。朋友邀约，欣然应允。但时间紧，上哪一节课呢？我打开我的"代表课"文件夹，哎，能不重复自己吗？我走到窗前，校园里两棵秋色梧桐正在簌簌地讲着自己的故事，没人听，我懂。

9月底,一场语文的约会,我接触了罗兰的《秋颂》,这是苏教版新增的篇目,听孩子们的诵读真是深深地沉醉。下午,与老师们的交流中,更是毫不掩饰自己对于《秋颂》的喜爱,对于罗兰的喜爱,对于秋的喜爱,以至于苛求起碧青的课来。

我承认我喜欢春天,过去的那个春天我用我的微单和诗行记录了她轻盈的脚步:"柳树是春天最长的一首诗,第一小节叫柳烟,嫩黄、嫩绿、青绿是后来的乐章。"

"我言秋日胜春朝",我更爱秋天,金黄与枯黄是她的色调,东坡的"荷尽已无擎雨盖,菊残犹有傲霜枝。一年好景君须记,正是橙黄橘绿时"里有无尽的韵味。如果说春天是小姑娘,活泼可爱,那么秋天则是顾盼生情的姐姐,风姿绰约,又不是那么沉甸甸的饱满。春天养眼,秋日养心。

"《秋颂》可好?""好的。"军华爽快地说。

周四(10月20日),到了旺庄,一所绿树掩映的学校,看建筑,有点年纪了;军华微信里常有他们的身姿,我微笑打量着,就像遇见老朋友。

来到七(6)班,见到了孩子们。我问:写了秋天的哪些景物?孩子们静了下来,轻轻地,走进《秋颂》,恰有一种"点秋江白鹭沙鸥"的淡然,走进罗兰笔下的秋天,发现了这样的景物:枫树、秋林、落日、秋院、闲云、秋风、秋水。"自古逢秋悲寂寥",它们在罗兰的笔下又是怎样一番景象?我让孩子们圈画出最能体现这些景物特征的关键词,他们再次走进别样的秋天,用笔圈画着。我逡巡在孩子们中间,判别着他们的思维路向。

"现在你们进行比较,选出最能体现景物的关键词,你选哪一个?"这是一次词义辨析,是一场围绕秋天的特征的分析,更是罗兰心中的秋天与孩子们心中的秋天对话的过程。小家伙们开始兴奋。

"代表秋天的枫树之美,并不仅在那经霜的素红,而更在那临风的飒爽。""我选'飒爽'。""为什么不选'素红'?""'素红'是颜色,'飒爽'是精神。颜色是表面的,精神是内在的。"

"当叶子逐渐萧疏,秋林显出了它们的秀逸。那是一份不需任何点缀的洒脱与不在意俗世繁华的孤傲。""我选'孤傲'。"我心里暗暗吃惊,我的内心早已喜欢上了"秀逸",秋林在叶子落尽之后,摆脱了繁华,青秀秀地透着一份安逸。孩子说:"'孤傲'更加超凡脱俗。"是的,"秀逸"能够装扮,"洒脱"可以故作,唯有"孤傲",才是与生俱来的。

……

七个段落,七种景物,无一不透着"罗兰小语"的精致与韵味,我请孩子们在比较中选择,在选择后诵读,在诵读中品味,在品味后再读。直把关键词读进他们的心里。忽然间,回首我们的板书,句首加上"美在"一词,竟然有了几行诗的模样——

明澈的秋天 / 美在飒爽的枫树 / 美在孤傲的秋林 / 美在酡红如醉的落日 / 美在寂寥的秋院 / 美在澹澹然、悠悠然的闲云 / 美在纯净的秋风 / 美在一尘不染的秋水

"这首诗完整吗?"生思考不语。"第9段在结构上有什么作用?""总结。""总结出秋天怎样的特点?""'闲'与'逸',正是秋的本色。""第10段由写景转向了写人,人又是怎样的人?""他拥有一切,却并不想拥有任何。"/"透澈与洒脱。"孩子们似乎已经学会了在文中寻找关键词,莫非"关键词"就藏在繁花绿叶的背后?

"秋是成熟的季节,是收获的季节,是充实的季节,却也是淡泊的季节。它饱经了春之蓬勃与夏之繁盛,不再以受赞美、被宠爱为荣。它把一切的赞美与宠爱都隔离在淡淡的秋光外,而只愿做一个闲闲的,远远的,可望而不可即的,秋。"

这是最后一段,你说是在写秋,还是写人?孩子们说得好,是"闲闲的,远远的,可望而不可即的""秋之人",也是"人之秋"。

"根据这三段的大意,为前面那首诗,加上几句,构成一首完整的诗,好吗?"

孩子们在编写诗,我漫不经心地打量了一眼听课的老师,他们的眼神热热的,现在已经猜到了这节课的结局。孩子们是春天的季节,但并不妨碍他们对于秋的向往,对于罗兰"小语"里精神的向往。

几位孩子大方地读起自己的诗。"你的补充很有诗意,最好由'秋'及'人',与《秋颂》一致。""你的补充写到了'人',但这个'人'是'我',成了'我'要怎样?口号很难与前面的诗情协调。""你的补充太好了,先小

结,再及人,再'秋人合一'。"

这闲与逸的本色啊 / 如人的透彻与潇洒 / 又如闲闲的 / 远远的 / 可望而不可即的 / 人 / 不 / 是 / 秋

【现场感受】

师生共舞三色"秋之韵"

课堂,是教学的阵地,是教学的舞台。舞台上的一台戏,少了导演不行,少了演员也不行;少了主角不行,少了配角也不行。由此延伸,一堂课,只有老师讲解,忽视了学习知识的学生不行;少了老师的编导,只让学生自学也不行。课堂应当是师生共舞的舞台。江苏省特级教师王益民老师在教授《秋颂》一课时,师生一起展现在舞台上,共演了一场精彩而又实际的"秋之韵"。

一、"秋之韵"是橙色的

秋天的韵律带着橙色,那是因为橙色醒目。醒目就会引起人们的注意,引起人们的关注。而评价一堂课是不是好课,就是看这堂课能不能引起学生的注意,能不能让学生都能关注这堂课。只要学生能集中注意力关注这堂课,这堂课势必就会有效率。王益民老师的这堂课,吸引了学生的注意力,原因有三。

一是语言的亲切自然。语言亲切自然,容易贴近学生,容易使学生受到感染。语文教学是一种情感的教学,这种情感距离学生越近越好,越近越容易引起共鸣。王益民老师用谈话式的语言,交流式的口吻,与学生亲切交流。你看一开始:"第2—8段,每段一种景物,你们圈出罗兰描写这些景物特色的关键词好吗?""你先来读一读第2段(枫树),再告诉王老师你选的是哪一个词好吗?"又如:"我来问问大家的意见,同意'飒爽'的请举手。

（举手后统计，一半对一半的样子）我也不知道哪个更能代表枫叶的特征。"再如："那好吧。我们来读一遍，读出秋院那一份'寂寥'，那一份'幽寂'，那一份'清寂'。"这种征询学生的意见、肯定学生的意见的做法，显然拉近了与学生的距离，靠近了学生的情感。学生也自然在这种亲切的语言下，激发了自身阅读的兴趣，与老师一起探讨问题。

　　二是尊重学生，重视学生的意见。当老师向学生提出问题之后，我们反对老师心不在焉，反对老师思考或者准备下面的流程，反对老师不管学生回答得如何都说"很好，请坐下"。学生回答问题之后，唯一盼望的是老师给予一个评价，想请老师指点分析一下。试想，老师如果不认真听学生的回答，如何来分析评判学生的回答？王益民老师在学生回答问题时，总是侧耳倾听，对学生的回答及时作出反应，既指出肯定的理由，又提出欠缺的地方，再来引导学生的思索。如学生评价朗读时说应当用赞美的情感朗读，有几个词要重读。王老师说："王老师来读一读，你看看有没有达到你的要求。"当学生说"我选'孤傲'。'孤傲'更加超凡脱俗"时，王老师加以肯定："是的。或许，在这位同学看来，'秀逸'能够装扮，'洒脱'可以故作，唯有'孤傲'，才是与生俱来的。"当学生按照王老师要求为"前面那首诗，加上几句，构成一首完整的诗"时，王老师称赞说："你的补充太好了，先小结，再及人，再'秋人合一'。"这种对学生的肯定和赞赏，激发了学生的兴致，调动了学生的学习热情。

　　三是教师的功底引发学生对老师的敬仰。学生一旦对老师产生敬仰崇敬之心，就会自然地喜欢上老师的课，爱上老师的课。王老师以其深厚的语文功底，在《秋颂》这堂课的教学中精心设计了一首诗，以这首诗概括了文章的主题，揭示了文章的主旨。这种新颖独到的教学运用，既让学生学到了新式的概括文章的方式，又让学生得到了文学的熏陶，学会了诗句的运用。七种景物分析完毕后，王老师说："七种景物，我们各找了一个修饰语，你们看看，这像不像一首诗？（屏显）"当王老师要求学生"根据这三段的大意，为前面那首诗，加上几句，构成一首完整的诗"时，学生写道："秋日明净的天宇间/那一抹白云/淡如秋水/远如秋山/如人的透彻与潇洒/又如闲闲的/远远的/可望而不可即的秋！"显然，学生已经理解了文章的内容，把握住了文章的主题，并且在王老师的指点引导之下，可以运用诗句来概括了。这种教学不正是体现了课堂的效率吗？不正是体现了一堂课的成功吗？何谓成功的课？简单地说：学生学到了知识，增长了能力，陶冶了情操，就是一堂成功的课。

二、"秋之韵"是红色的

秋天的韵律带着红色，那是因为红色热烈。一堂课热烈了，学生的激情就高涨了，学生的学习就积极了，学生的思绪就活跃了。一堂课真正的热烈，不在于表面的氛围热烈，而在于学生思维的主动与积极。课堂教学，与其说是一门技巧，还不如说是一门艺术。而这个艺术来自老师对文章内容的全面理解，对知识教授的娴熟，对学生心理的把握。王老师开发学生思维的方式就是提一提、再提一提，由浅入深，循序渐进。

第一，提起学生的阅读。文章需要阅读，阅读是理解文章的基础。课堂教学其实就是一种阅读教学。王老师由浅入手，从学生对文章的基本认识开始。他问学生："同学们，《秋颂》你们预习了吗？"学生回答："预习了。"又问学生读了几遍，学生有回答阅读两遍的，有回答阅读三遍的。然后又问："大家说说对于《秋颂》的印象，如何？"学生回答："秋天很美！"几个提问，看上去很简单，没有什么特殊的技巧，其实恰恰是抓住了《秋颂》这篇文章的中心句的关键词。文章开头说"秋天的美，美在一份明澈。"第 10 段中说"也有某些人，具有这份秋的美。"学生此时尚未理解作者颂秋的内涵，看不到"明澈"的深意，只能用"美"来回答。以至于老师再次问"罗兰笔下的秋天有什么特色"时，学生"很安静／很高远／'闲云野鹤'般……"的回答比比皆是。由于了解学生的知识状况和阅读的基础，王老师只是笑了笑，从容地继续提出要求，引导学生阅读：作者依次描写了秋天的哪些景物？在文中圈出来。引导学生看文章，引导学生动笔，这些都是语文教学最基本的要求。

第二，提起学生的思索。语文教学一旦进入思索阶段，就进入了真正的语言文字的学习，就能够享受文学的魅力，犹如步入森林去探秘，犹如潜入海中去畅游。当学生在第 2 段圈出了关键词后，王老师让学生选定一个词语,并讲讲理由。有的学生选"素红",因为很美的素红,正是枫叶的颜色,也是秋天的基本色。立刻有学生举手说:"我有不同意见,我选'飒爽'。'素红'是颜色,'飒爽'是精神。颜色是表面的,精神是内在的。"这时,王老师及时插了一句话补充指导:"飒爽"的意思是"豪迈而矫健"。学生马上就接下去说:"对呀。枫林是'飒爽'的,是'豪迈而矫健'的。"又如,分析"秋天的落日"时,王老师让学生谈谈文中"我"感受的变化。学生说:"先是'凄楚',再是'奔放'。"另一学生说:"一开始是凄楚,再是奔放的情感的凝结。"当老师问"哪个词最能代表落日的特点"时,有的说"酡红如醉",有的说"让人凄楚的艳丽"。学生在老师的引导指点之下,开始思索了,开始分析了。学生在思索之下,有了答案;在分析辨别之下,有了对文字、对语言的深刻的理解。也许以后也会一直记得,也许以后会养成对词语分析辨别的习惯。

第三,提起学生的沉思。沉思是一种冷静的思考,是对事物作出慎重理性的判断。课堂教学要的是学生的"获得",而不只是一种"热闹"。文章的构思技巧,文章的写作手法,文章所要表达的中心意思,都需要我们在冷静中去思索,在沉思中去作出判断。王老师让学生读最后一段后,说:"这是最后一段,你说是在写秋,还是写人?"学生先是积极自信地叫嚷:"写人!""写秋!"有个学生抓住文章的最后一句话"而只愿做一个闲闲的,远远的,可望而不可即的,秋",认为应当是写"秋之人",也是写"人之秋"。王老师点了点头,笑了笑说:"秋天和人合一了,叫作'天人合一'。"而且王老师又让学生根据最后三段的大意,来为前面那首诗加上几句构成一首完整的诗,学生又在静思中完成了要求。完成后,王老师又提出更高的要求:补充的内容最好由"秋"及"人",与《秋颂》一致。老师的层层推进,让学生进入深沉的思索,在冷静中去思考,去理解,去体会,去感悟。

三、"秋之韵"是金色的

秋天的韵律带着金色,那是因为金色辉煌。它是一种财富,是一种高贵,是一种神圣。财富在于拥有了知识,高贵在于养成了气质,神圣在于懂得了尊严。于是，就带来了温暖与幸福，带来了光芒和希望，带来了高雅和庄重。所以金色也是一种收获，带着辉煌的收获。

  收获之一，用朗读来伴随教学，理解课文，获得情感。这篇文章共计11段，不到700字。每段王老师都让学生进行了朗读，有的段落还进行了朗读指导，有的对重点词语进行了朗读的指导。朗读是语文阅读最有效的方式。因为朗读可以体验文章的韵律之美，在阅读时有一种轻松愉悦的感觉。朗读可以帮助理解课文的内容，容易把握文章的主题。如第二段："代表秋天的枫树之美，并不仅在那经霜的素红，而更在那临风的飒爽。"通过"并不仅在"与"更在"的朗读，就可以看出作者强调的是"飒爽"。朗读更大的收获就在于获得了情感。高低起伏，抑扬顿挫，正是情感的直接流露。语文教学也是一种情感的教学。王老师不吝啬于朗读，让学生在课堂上获得一种美的享受。

  收获之二，紧扣文本语言，帮助理解文章，获得思想内涵。理解文章，不能脱离了文本已有的语言。离开了文本的语言来讲解课文，讲的就不是原汁原味的课文，而是经过老师改编后的文章。从王老师所用来概括全文的诗句就可以看到，诗句的文字皆来自课文。特别是让学生来概括后三段时，学生也学会了从文本中寻找语言，让学生明白了理解文章的方式方法。这种方式方法简单、正确、实效。学生学会了这种方法，等于学会了阅读的方法，明确了阅读的方向，有助于将来自己来把握文章，获得概括的技巧，有助于自身对文章的阅读和理解。

  收获之三，学会思索，学会分析，学会冷静思考问题。用活跃的思维去进行思索，用辩证的思想去分析辨别问题，最后用冷静缜密的心思来概括出中心主题。这种课堂教学，调动了学生的主观能动性，激发了学生学习的积极性，把学生的"被学"转化为"要学"，而且是"抢着学"。特别是冷静思索，克服了学生浮躁的学习心理，让学生知道，学习要活跃，但思索要冷静，要联系前后文，要考虑到文字的表象和内涵。

  王益民老师告诉：我们语文是什么？是语言文字的表达。语文教学是什么？是教学生如何运用语言文字来表达。语文教学的宗旨是什么？让学生获得成长。在整个课堂教学中，教师是引导者，教师是推动者，教师也是一位启示者。秋天是美的,《秋颂》这篇文章是美的,王益民老师上的课也是美的。

（熊慧,江苏省无锡市旺庄中学）

【专家点评】

语文课堂,美在一分明澈

听过益民老师的《乡愁》一课,只听到最后十分钟,听到了他醇厚温暖的声音,听到了他深情动人的歌唱。我疑心让我沉醉的不是他的教学,比如解读深度,比如引导艺术,而是他极为陶醉的吟唱。而当我走入他和学生们共同营造的乡愁氛围里,我才明白,好课有时候是不需要用手术刀去解剖、用显微镜去放大的,通过语言文字达成了思想境界上的提升,就是难得的实实在在的教学感动。

《秋颂》这一课呢？我没有翻看他的教学实录,而是一遍遍地徜徉在罗兰笔下的秋中,我很高兴因为益民的课,我能再一次与罗兰相遇。大学毕业的那一年,我读着《罗兰小语》在求职路上辗转奔波,干净清新的文字平淡中带着感动,如涓涓细流滋润着我焦虑的心田。"与其怨天尤人,徒增苦恼,就不如因势利导,迁就环境,由既有的条件中,尽自己的力量和智慧去发掘乐趣。"记着这般清新隽永的话语,我很快在那陌生遥远的土地上站立起来,找到了语文教学的乐趣。《秋颂》里的秋天,明朗而闲适,带着罗兰个人独特的风格,读着读着,我们就会进入那个纯净高远的世界,忘却笼罩我们身心的无限雾霾和俗尘。"秋天的风不带一点修饰,是最纯净的风。"罗兰的文字却是很自然地带着她的修饰,又纯净地让你看不到有何刻意。"秋就是如此的一尘不染",其文又何尝不是这样？她用淡淡而诗意的语言描画了一幅秋景图,又处处显现着人的品格和她的人生态度。"淡淡然、悠悠然,悄悄远离尘间，对俗世悲欢扰攘，不再有动于衷。""他拥有一切，却并不想拥有任何。"诗化的语言与句式，浓情的点染和描绘，是其外在的美；而态度的旷达与淡然，思绪的透澈与洒脱，则是其内在的美。作者不仅仅是颂秋，更是歌颂这些"具有秋之美"的人。感性和理性的糅合，让我们无限神往着清淡脱俗的秋天和洒脱自然的人生境界。读到最后，我也只愿做一个闲闲的，远远的，可望而不可即的，秋。

"那是由极深的认知与感悟所形成的一种透澈与洒脱。"罗兰用她充满哲理味的句子告诉我们全部。

怎么教呢？我在想。

秋的感知，人生的感知，语言的感知，哲理的感知，作者的感知，自我的感知；时令之秋，人生之秋，自我之秋……我慢慢地铺展着我的思维，想象着益民的《秋颂》课堂。这文章，篇幅短，粗看浅显，实则内蕴无穷，平淡而睿智的语言，读起来余韵无限。"秋"的明澈，"秋"的枫树，"秋"的落日，"秋"的云、风、水和"秋"的闲逸，秋之颂来自对秋天的风度、容颜、气质的赞美，让学生从中悟到人生哲理，悟出人生的滋味，这样的教学很难做好，何况学习者又是七年级的孩子，闲淡与悠远之境，没有一定的生活底蕴是极难领悟的。

可是，益民却教得如此简单！

整体感知，品读秋之美，品读人之美，感悟《秋颂》余韵，简洁至极，朴素至极。我急忙忙地奔向课堂"余韵"，想读读益民是怎么样引领学生走进罗兰深厚的人生感悟和睿智的人世哲理中的，却发现并没有我期待中最后达成的那番深刻深邃。学生的表达简简单单，或坚持于"文章篇幅大部分都在写秋"，或简单成"起笔在秋，落笔在人"，或干脆模糊成"无所谓重点"，老师呢，也不多作提示，简单夸了句"大家都说出了自己的理解"，便又是一次朗读，只让那秋落入声中进入心里，就满意地下了课。在我想来，这《秋颂》学到最后总得要"语不惊人死不休"的吧，学生若不能说出点哲理禅意的，我总觉得不够尽兴尽深。很多老师甚至还要介入大量资料，旁征博引去解读这无比高远的秋之禅。罗兰说过："文人的可贵处在于思想，而文人的可爱处则在于他们能用感情来表达思想。"那么，这堂课，思想呢？感情呢？教学没有滑向罗兰式的深刻，浅吟低唱能算是秋天的颂歌吗？须知作者已经把秋天人格化、个性化了。这种人格和个性的风度，就是秋天深层美的极致和底蕴。那么，益民的《秋颂》一课，能把学生带入到这样深层的感悟中吗？若是没有这"极深的认知与感悟"，《秋颂》的教学意义又何在呢？说实话，我多多少少有点疑问。

解释教学内容和教学意义的密码一定也是在罗兰的文字里的。我再读《秋颂》，来来回回地读。我的目光停在文章的第一句话上："秋天的美，美在一分明澈。"作者开篇以此句点题，然后着力去刻画秋天的美，秋天就缓慢流动在她的笔尖下。秋天的美，美在一分明澈。语文课堂的美呢？不也该如此吗？

这样一想，不禁释然。明澈，就是美！

明澈，是一种简单。教语文就该简简单单，钱梦龙先生常说此言。什么是简简单单教语文？就是遵循语文教学规律教语文，就是教会学生读书，提高学生的语言素养。语文教学绝不该那么繁杂，就是要求紧扣语言去学习读写，对学生进行语言训练，向他们传授语文知识技能，同时根据语文学科本身所具有的审美性、情感性、灵活性、实践性等特点，充分利用语文教学的各种因素对学生进行全面的素质教育。细读益民的《秋颂》一课，我们会发现，他的教学其实就是读读品品，绝无糅杂。比如品读"秋之美"这一环节，益民指导阅读目标非常明确：圈出秋天景物，再圈景物特征关键词，进行比较，选出最能体现这种景物的关键词。而围绕这一环节展开的学习方式就是简单的读读说说。阅读教学的唯一宗旨就是培养学生对语言材料的感知能力，益民对文字的"追究"甚至是"穷凶极恶"式的。比如益民让学生比较第 3 段修饰"秋林"关键词，学生读出来了"萧疏、秀逸、洒脱、孤傲"，他不满足于此，提示"三句在情感上是逐渐？"于是，学生对四个词语进行了分类："四个都可以，第一个是秋林的外形，后面三个是精神层面的。"但他还未罢休，"一定让你选一个"，学生只有再次深入思考，说"我选'孤傲'。'孤傲'更加超凡脱俗"，他这才满意——"在这位同学看来，'秀逸'能够装扮，'洒脱'可以故作，唯有'孤傲'，才是与生俱来的。"我能想象益民说这番话时得意的神情，因为这是语言教学的胜利。

明澈，是一种尊重。益民极爱读书，他读《秋颂》，一定读得很深很个性。但这堂课他基于学生的思维去作了适当的点拨，绝不刻意拔高。阅读是和时间与经历相伴成长的事情，七年级学生的认知感悟尚浅，理解罗兰文字中对人生对生命的深刻感悟是需要未来的阅读和人世体验来共同参与的，万不可脱离语言文字，脱离学生阅读感悟实情。于漪先生说："空讲内容，无限拓展、延伸，不是对人文的误解，就是故作高深，哪还是什么语文课！"罗兰在谈到写作时说："当一个人对环境中的事物有所感受的时候，他用他的智慧和文字，把他的感受尽可能地用最确切的方式表现出来，那就已经是一种成功，已经值得快乐了。"那么，在老师的有效引导下，当学生用他们的智慧和语言，把自己的感受尽可能地用最确切的方式表现出来，即为成功为快乐。整体感知部分，学生基于自己的阅读初感，说出自己的印象，各抒己见，益民未作评价，因为每个学生的生活经验和阅读层次都不一样。品读"秋之美"，要求学生选择描写"枫叶"的关键词，学生的意见"一半对一半"，益民说："我也不知道哪个更能代表枫叶的特征。只要你有理由，就够了。"学生对于文学作品的理解应该就是丰富多彩的。他们的阅读感悟，不是纯知识性的感知，而是对文字所包涵渗透的情感、思想、韵味等的综合性体验和领悟，同时，也是一种独特的个体情感的体验和领悟。珍视学生的阅读体验，不急于拔高拓深，让学生充分享有表达抒发的自由，这些都是对学生的尊重，对文本特性的尊重。这就是教学者的明澈之思。当然，这种尊重又不是迁就，而是基于教学的本质，也是一个教师的职责。比如，品读"人之美"环节，第一位学生补充了诗句，益民也不是一味说好，而是指出："你的补充写到了'人'，但这个'人'是'我'，成了'我'要怎样？口号很难与前面的诗情协调。"这是基于这一学生，又是基于文本的评价。而当另一位学生补充完诗句后，益民老师则是这样评价的："你的补充太好了，先小结，再及人，再'秋人合一'。"这是尊重文本、尊重学生的评价，是尊重语文学习的评价。处理好深浅的关系，运用恰当贴切的评价，让教学最大程度地贴近学生，让学习真切地发生，真切地收获，是为明澈。

明澈，是一种清晰和灵动。简洁的课堂表现为步骤清晰，层层深入。拎起一条线，课堂的脉络一目了然，明澈到底。此课，分为四个板块：整体感知,品读"秋之美",品读"人之美",《秋颂》余韵。就单个板块而言,内容聚焦,目标明确,教学清晰。而纵观整个教学流程,又是以"秋颂"为核心:前两个板块从初读"秋之美",到深入品读"秋之美";第三个环节从"秋之美"更深一层,进入到了"人之美",从"秋"到"人",这是对文学作为人学的一种深度的本质的把握;最后的"《秋颂》余韵"板块,益民老师巧妙的一问——"颂'秋之美',又颂'人之美',谁是重点?",既是对前两个主体环节的总结,又是对文本主旨的深化。"谁是重点"这一问题,紧扣文本题目"秋颂",对于初一的学生来说确实有难度,但这却又是一个开放性的问题,一个富有挑战性的有深度的问题。《秋颂》"颂"什么?怎么"颂"的?哪个是"颂"的重点?一个"颂"字贯穿课堂,简洁、清晰、有效、美丽。同时,益民的课堂又不乏灵动之美。板块教学优在教学环节清晰,教学内容相对集中,但是如果设计不够精巧,缺乏弹性,往往会陷于呆板、枯燥,教学上预设强于生成。但益民老师的教学设计却灵动精彩。比如"品读'秋之美'",他没有直接生硬地接着进入下面"品读'人之美'"的板块,而是把"品读'秋之美'"的成果构筑成了一首"秋之美"的诗。用诗来完成这个部分的品读,很符合文本语言的诗性美,同时,又很自然地进入了下一个教学的环节,即对最后三段"人之美"的品读——"请根据这三段的大意,为前面那首诗,加上几句,构成一首完整的诗"。这样本部分的品读就是前面一个环节的延伸,学生在构筑诗歌的过程中完成了语言的品读,内容的把握,"秋人合一"的主旨在浓浓的诗意中自然生成。这样的设计别具匠心,学生学得轻松,诗意盎然。

  读着益民老师的课,我也仿佛走进了那个简单至极,却又是丰富至极的秋天,那里有枫叶、秋水,有可爱的学生、琅琅的书声,更有儒雅的教师、灵动明澈的语文……我甚至想起了济慈的《秋颂》:"啊,春日的歌哪里去了?但不要想这些吧,你也有你的音乐——"你也有你的秋天,不是吗?

(肖培东,特级教师,浙江省永嘉县教师发展中心)

可以这样教《写"豆腐干"文章》

课堂提要：教材中"写作指导"《写"豆腐干"文章》怎么教（学）？"写作指导"留给老师二次开发的巨大空间：将内容课程化，将课程活动化，将活动目标化。写作课，原来也可以是生动的、灵动的，且可以是具有思维含量的实践。

【课堂实录】

融于活动的写作实践

时间：2016年10月14日下午
地点：江苏省锡山高级中学行政楼报告厅
班级：江苏省锡山高级中学实验学校八年级（21）班
活动：第五届"苏派语文教育论坛"研究课
整理：程利娟（江苏省镇江市外国语学校）

一、"豆腐干"文章的特征是什么

师：同学们，你们听说过"豆腐干"文章吗？

生：没有，吃过"豆腐干"。不好吃。

生：应该是个比喻的说法。

师：是的。请同学们先看一份《镇江日报》（屏显）。大家看报纸版面由一块一块的文章构成，你觉得哪一篇可以称得上是"豆腐干"文章？

生：左下角篇幅最短小的那篇。

师：为什么你觉得它是"豆腐干"文章呢？

生：我觉得它篇幅最小，又根据教材对"豆腐干"文章的描述，所以我觉得它是"豆腐干"。

师：对于"豆腐干"文章的名称还有很多种。我也收集了一些，同学们看看。（屏显）一起读一读。

生：（齐）豆腐块、微文、微写作、短文、小微写作、小作文、小练笔。

师：在学过的文章中，你能举一两个"豆腐干"文章的例子吗？

（学生思考轻声讨论。）

师：学过《刻舟求剑》和《郑人买履》吧？

生：（齐）学过。

师：《郑人买履》61个字，《刻舟求剑》全文仅有53个字，短小精悍。（板书：短小。）

下面给同学们看一篇短文，眼睛睁大哦，文章马上出现！（老师用孩子般可爱的语气说）[屏显：《街边》（王珑璨）。]

街边。

哑巴从碗里拿出一把钞票，乐呵呵地说："今天赚了大概300块呢！"

聋子一把夺过钞票，交给旁边的瞎子说："你数数看够不够300。"（计64字，含题目和标点。）

师：短文讲了一件什么样的事？

生：这是作假。哑巴能说话，聋子能听得见，瞎子能看得见。

师：所以你认为这篇文章告诉我们这些人在作假？

生：对。

师：大家有没有觉得像这样的事情似曾相识呢？哑巴能不能说话？聋子能不能听到？瞎子能不能够数钱？但是这些事却真实地发生在街边，具有很强的讽刺意义。这样看来,"豆腐干"文章就像同学们刚才说的"很短",除此之外,最重要的还有什么特点?

生:短小精悍,寓意很深。

师:短小精悍,却寓意深刻(两个特点),一点也不比长篇文章逊色。下面我们看看老师写的这篇文章。这篇文章是写我的。这是我在教学30年的过程中,孩子们为我起绰号的变奏曲。(老师深情自读。屏显《绰号变奏曲》。)

安徽期间,时任班主任,"破案"无数,加之皮肤黝黑,遂得名"黑猫警长"。无锡时,身体渐福,却能单手拎起纯净水水桶,霸称"黑熊"。江阴,代课五年级,小家伙看我"胖乎乎",还有点"可爱",左眼上眼皮有黑色胎记,于是唤作"大熊猫"。因讶异于语文课的"另类",兼之仅有一眼为黑色,遂"大熊猫"前加"珍稀"二字。从此,"珍稀大熊猫",江湖盛传,十年不衰。(计176字,含题目和标点)

(学生哈哈大笑。)

师:刚才同学们说"豆腐干"文章有两个特点:篇幅短小,寓意深刻。还有什么特点?能不能讲废话,或是大量地描写?

生:不能。

师:看所发的学习材料,还有哪些特点?请圈出来。

(生齐读四个特点,老师板书:短小、深刻、紧凑、实在。)

师:所以大量的动作、语言、神态等描写都是"豆腐干"文章应该避免的、所要节减的。赞同吗?

生:赞同。

二、观看图片,100字初写"豆腐干"

师:赞同的话,我们就要练一练了。在练之前,我们先玩一个游戏,然后写作,好吗?(屏显图片,略)

师:观察下面这张图15秒。(倒计时)

师:时间到!我的问题是:刚才展示的图片中有几个字母D?

(生瞬间被问蒙,问题完全出乎意料,无人举手。)

师：我也不知道，你们就大胆猜猜，就是蒙呗！

生：4个/5个/6个。

师：其实我也不知道有几个。（生笑）

师：不管有几个，请同学们把"活动一"的经过用100个字写出来，写在发放的稿纸上。注意，多于100字算不合格，少于100，哪怕你只有两个字也算合格。

（生开始写作，师观察指导。）

师：（几分钟后）写好了吧？我们请几位同学说一说。写了30个字左右的举手。

生：同学们看一组字母表，时间15秒，问表中D的个数，没人准确回答。

师：有点像数学题目（生悄声说"他是数学课代表"），原来你是数学课代表啊，犯职业病了吧？看要求，用100字写活动的经过，把你写的这个稍微展开一下会更好。有写了60个字左右的同学吗？

生：珍稀大熊猫让我们玩游戏，他给了我们一张全是字母的图，让我们观察15秒，接着问我们图中有几个D，我们都回答不出来。

师：你把材料用得特别活，而且里面出现了王老师，内容短小且丰富。有没有同学写了80个字左右，认为自己肯定比他们写得好的？

生：在公开课上，老师和我们玩游戏，要看清并记住字母，一瞬间大屏幕上展现出一大堆字母，我正看其内容，寻其规律时，15秒时间已经悄悄溜过，一切都结束了。

师：还没"结束"，大家猜是几个，是可以加进去的。"看其内容，寻其规律"，铿锵有力。不仅把这个过程基本写出来了，还有一些描写的成分，七八十个字，不错。

三、观察图片，150字续写"豆腐干"

师：再请观察图片10秒，这次我允许你们商量一下对策。

（生讨论激烈，商量对策。）

师：注意不能拍照，不能记录。注意遵守游戏规则哦。倒计时，3——

2——1，时间到。我的问题是：刚才展示的图片中第四行第五列的字母是什么？

（学生惊呼"上当"，答案 A、B、C、D、E 不尽相同。）

师：看来你们也没有一个准儿，我也不知道你们到底正确不正确。我们再玩一次好不好？这次只能给你们 5 秒钟的时间，现在再给你们点时间好好商量一下。（生商量）

师：请告诉我图片中第五行第六列的字母是什么。（出示字母图片 5 秒）

生：（异口同声）E！

师：下面请同学们接着"活动一"，再用 150 字左右写出"活动二"和"活动三"的经过。

（生开始写作，师巡视观察。）

师：不能只追求字数的少哦，一定要把活动过程写出来。（过了一会儿）好，大家写好了，先请一个同学展示一下他写的"活动二"和"活动三"。先找个字写得少的。

生：无论 10 秒，还是 5 秒，结果一阵热闹，同样一张字母表，讨论、观察、答案得出、游戏落幕。

师：谁来点评下这位同学写的"豆腐干"？

生：语言比较精炼、短小，而且简明扼要。

师："豆腐干"文章不是越短越好，而是要在合适的字数内达到写作的基本要求。不能过于概略，要把这个游戏的经过写清楚，回去让你爸妈读后知道这游戏具体怎么回事就行。再来看一位。

生：接着在"活动二"中，王老师再次出示了带有许多英文字母的图片，观察 10 秒后，王老师问我们第四行第五列是什么字母。我们七嘴八舌，大家的答案很不统一，每个字母都有人回答。随后在"活动三"中，王老师提前告诉我们回答第几行第几列的字母，然后出示了图片，大家都异口同声地说出了是字母"E"。

师：这位同学写得有详有略，你想把哪个略写呢？

生：我把"活动三"略写了些，因为它和"活动一"及"活动二"的经过是一样的。

师：这样写，有详有略，在文章的层次上就有一些变化。非常好！

四、根据题目，修改"豆腐干"

师：好，现在我们将三个活动写了出来，你觉得你的文章是不是一篇标准的"豆腐干"呢？认为"是的"举手。为什么？

生：我认为是的。因为我在规定的字数内写出了活动的经过。

师：嗯。三个活动都写完了，谁敢说自己的文章不是呢？

生：好像还有点问题。因为我们写出来的东西还是没办法让人马上就明白。

师：还需要改是吗？还有别的原因吗？我们刚才说了"豆腐干"文章短小、深刻、紧凑、实在，根据这些词，看看你们写的文章还能作哪些修改？你们有结尾吗？有主题吗？一篇文章要有主题。（生陷入思考中）这样，假如你的这篇文章的题目是"'坏坏的'王老师"，请重新修改你的"豆腐干"，不要忘了为文章加个结尾哦。先把题目写上，现在开始。

（生第三次认真写作。）

师：（观察指导）直接在原文处作修改，方法有增、删、调、补等。好文章就是改出来的。

师：（过了一会儿）好，我们请几位同学把自己修改好的文章读一读，给大家展示一下。

生：《"坏坏的"王老师》：王老师让我们看一组图片，第一次用时15秒，问几个D，第二次用时10秒，问第四行第五列之字母，我们答案甚异，老师甚惊讶。第三次时老师已告知字母在哪个方位，答案是E。王老师乃卡通人物，切勿与外界正常人类混淆，特此通告！

师：我，就这么另类吗？同学真幽默，他在形式上有了些变化。我们再请别的同学说说看。

生：《"坏坏的"王老师》：这次"坏坏的"大熊猫王老师让我们记住字母，游戏前我们小组思考对策，决定每人背一行。我认真地背，不想拖后腿。前两次游戏我们都以此方法来应对。最后一次，老师事先给了提示，大家都答对了。但是天上不会掉馅饼，王老师表面上是让我们玩游戏，实则让我们写作文。

师：这位同学从头到尾又重新写了一遍。王老师特别期待你们的结尾，哪位同学认为自己的结尾很出乎意料？我问大家一个问题：三次游戏分别用了多少秒？

生：15秒、10秒、5秒。

师：哪一次正确率最高？

生：最后一次。

师：这有悖常理嘛！为什么呢？思考下，修改下你的文章结尾。（生第四次写作。过了一会儿）这位同学来说说自己的结尾。

生：第一次老师并没有给我们指出要找到的明确的目标，第二次也没有，但是第三次告诉了我们要找的目标，所以我们很快就找到了，时间短反而观察更准确。

师：那你得出的启示是？

生：做事要有明确的目标，才有可能成功。

师：非常赞同，做事要有目标，才能成功。有类似结论的同学举手？

生：我想说，第一次我们为什么失败？因为我们是一盘散沙，一个人不可能把所有的字母记下来，不可能把所有的问题都想到。第二次因为有了分工，所以肯定有人猜对。第三次是已经知道要干什么了。

师：所以你的结论和刚才那位同学的结论是一样的？

生：不一样。我们是学会从失败中吸取教训。

师：也有道理。

生：老师您让我们写"'坏坏的'王老师"，但你给了我们提示，我觉得要写"善良的王老师"。第一次15秒，题目比较难；第二次你较上次善良了一点，让我们讨论起来；第三次你都告诉我们要干什么了，又照顾我们一点。

师：（笑）我本来就不是坏坏的，大家看题目中"坏坏的"是加了双引号的，其实它的意思是"善良的，好的"。好了，王老师通过这个游戏，是要告诉大家要有目标才能够成功。然后通过这个"坏坏的"过程来告诉我们这个道理。

师：昨天我也给我们班的小朋友上了一课，中午在高铁上我就把其中的一篇改了一下，他用了 150 几个字，大家想看看吗？（生：想！）好，请看大屏幕：

"观察下图。" 15 秒后，"图片中有几个字母 D？"

我蒙。"这个老师有点坏。"

"再请观察图片 10 秒。"

"五个字母，一人记一个。"志在必胜。

"第四行第五列的字母是什么？"我晕。"好坏喔。"

"第五行第六列字母是什么？" 5 秒后，齐喊"E"，我笑。

"这回怎么没使坏？"我想。

再想，"有了目标，就能提速。嗯！"

"王老师，坏坏的。"

师：当然，如果再给我们同学多一点的时间，我们肯定也会创作出比这更好的文章来。现在我们再回顾一下"豆腐干"文章的四个特点：短小、深刻、紧凑、实在。同学们回去以后可以按照这三个活动，自己再进行创作，一定会创作出更好的一篇"豆腐干"出来。如果你愿意，创作出来后，传给我欣赏欣赏好吗？

生：好！

师：好了同学们，这节课我们就结束了，同学们再见。

生：老师再见！

【教后反思】

作文："在捕鱼中学会捕鱼"

"豆腐干"文章，是个旧题，也是新事。"自媒体"时代的微博（140 字）、微信推动着这一形式的民间化。自 2014 年北京市高考出现"微文"写作,各省高考、中考也开始重视起"微文"写作的考查。的确,"豆腐干"见微知著、言简义丰,正与现代生活合拍。

在无锡举行的第五届"苏派语文教育论坛"上,我和省锡山高级中学实验学校八年级(21)班的孩子们一起学习了"豆腐干"文章的写作。这是新编苏教版七年级语文上册里的一次作文训练,如何将课程内容转化为教学内容,并与本次论坛"语文教学新视野"的主题相合拍,有一点课程的新方法,实践我们的作文教学观?

一、"在捕鱼中观摩捕鱼"

"在捕鱼中学会捕鱼",是著名语文特级教师黄厚江老师对于作文训练的一个形象的比喻。如果将一篇作文比作一条鱼,得到这条鱼通常有三种路径:给他一条鱼(范文、母文);教给他捕鱼的方法(作文的技巧等);让他自己下海(河)捕鱼(写作实践)。哪条路径最有效?"授人以鱼不如授人以渔"是在强调"方法"的重要,于作文教学而言,"方法"的确很重要,书店里也不乏"方法大全"之类的指导用书。语文老师也没少在课堂传授"方法",作文培训班干脆直奔"方法"而去。但是,掌握了"方法"真的就能捕到鱼吗?我们认为,三者是互谐共生的关系,也就是范文、写作方法教学、写作实践三者缺一不可。无"鱼"失范、无"渔"则盲、无"(捕)渔"则虚。

这节课,是提供"范例"的过程,也是习得方法的过程,而这两者都在写作实践中予以体现。"豆腐干"是个比喻,孩子们只能推测大意,课堂我提到的《刻舟求剑》《郑人买履》,都是孩子们刚刚学过的"豆腐干",还有《镇江日报》"豆腐干"图样的展示,是在唤起孩子们对于此类文章的感性认知。

《街边》和《绰号变奏曲》的出现,让孩子们离"豆腐干"更近了,也由刚刚的感性认知进入对此类文章特点的理性讨论。我和孩子们一起"解剖""豆腐干",得出了此类文"短小""深刻""紧凑""实在"的四大特征。这不单是对《绰号变奏曲》的判词,更是为"豆腐干"设定了一个"标准",很快,孩子们就要据此"生产"自己的"豆腐干"了。当然,这则颇有些"自嘲"的《绰号变奏曲》还能拉近与陌生学生的心理距离，更重要的是，为最后遵照《"坏坏的"王老师》这一主题进行创作而张本，让孩子们在"豆腐干"写作中吸取有益语料、排除"干扰"，是谓"一料多用"。课堂的最后，出示了一篇我的学生二次打磨后的《"坏坏的"王老师》，再次提起孩子们的兴趣，并建议大家课后修改。

如今很多人喜欢"创新"。作文教学或者说中文的写作，我们有很多传统的"打法"，所谓"新"，只是对于传统的整合与嫁接。"豆腐干"文章，更是如此。"师父领进门，修行在个人"，强调徒弟通过看师父的活计后自我领悟的重要，但与过去一般师父带徒弟的方法有所不同的是，课堂提供这些资料，意在使学生从感性、理性两个角度观摩别人"捕鱼"，为接下来自己的"张网"（写作）服务。

二、"在捕鱼中习得方法"

本节"豆腐干"文章的训练是分三步完成的：

第一步，用100字将"活动一"的过程写出来。这一步是"写实"，重在训练如何用100字把这样一个活动记录下来。语言必须干净、利落，活动主题要清晰准确。"豆腐干"竟然要分几次写，其必要性是：一次性写完了，想改，也不知从何下笔，更重要的是，好的文章总是结构化的。课堂上，孩子们都在100字内（使用专用稿纸，有字数标记）完成了写作，还有个别同学写了30字。这样一来就出现了新问题，字数少，过程描述就变得模糊起来，我提醒他稍微展开一下会更好，要让孩子们明白：字数少的前提是"五脏俱全"。

第二步，再用150字写出"活动二""活动三"的经过。这步除却延续第一步的"文风"外，还有三次活动记叙的详略等问题。为什么"活动二""活动三"不分开写？除了课堂时间的限制和避免训练形式的单一化外，更重要的是希望对于三次活动做到在表达上有所侧重，有所区分。一切，都源于"方法"在写作中的践行。

第三步，这是至关重要的一步，也是本节课的高潮所在。完成前面两步，我问孩子们，自己手上的文章是不是一篇"豆腐干"文章？然后引导他们重温黑板上板书的"短小""深刻""紧凑""实在"四大特征，发现文章还缺一个结尾，还没题目。任务就自然形成了——假如文章题目是《"坏坏的"王老师》，请重新修改你的"豆腐干"。不要忘记为文章加个结尾哦！这一步是让"豆腐干"有"肉"后，还有"血"，"加结尾"暗含了第四步，结尾是看思想深度的。其实这里还有一种训练方法：不用出示作文题目《"坏坏的"王老师》，请大家根据自己前面的写作自拟题目、自拟结尾。但是作为"豆腐干"训练课，总得要设置一些"限制条件"，才便于比较、分析。

"豆腐干"分三步，再次体现了其"麻雀虽小，五脏俱全"的特色，有叙事的层次与详略、有主题的贯穿，还有体现思维深度的结尾。三步，步步是实践，步步讲方法，"螺蛳壳里做道场"，做好了，照样精彩。

三、"在捕鱼中学会捕鱼"

我们初中三年作文教学序列自称为"三三三作文教学序列"，有递进式的"三写"：七年级训练写人写事的方法，目标是"写得像"；八年级训练记叙文的技巧，目标是"写得好"；九年级重在审题等专题训练，目标是"写得深"。还有"三式"——主题活动式、读写结合式、话题讨论式，"三式"与教材内容整合，散布于三年中。"三写""三式"通过"三课"——作文理论课、作文（话题、作文题）指导课、作文评讲课予以呈现。本节课属于"主题活动式"，能较好体现"在捕鱼中学会捕鱼"这一写作理念，丰富学生的直接经验、丰富学生的间接经验、丰富学生的写作技巧，更能将"鱼""渔""捕鱼"很好地融合在一起。

作文教学的现实中，有两种极端值得注意，一是"方法派"，一是"实践派"。其实很多人是先讲方法，再依"法"炮制（文章）；还有人干脆给个题目"你去写"，不讲方法，说是实践派。我们的观点是方法与实践相得益彰。在实践中习得方法，在方法指导下实践。这节课如果还算有点价值的话，就是选择游戏活动，把两者含蕴其中。首先是有趣味。我们的作文课较之阅读课更加无趣，很难说到学生的心坎上。如何才会生动？借助游戏活动，这是孩子们的最爱，关键这个活动是经过老师教学处理的，如上文所交代的"三步"呈现。所以本课孩子们或兴味盎然、或握笔沉思、或会心一笑，整节课都在享受课堂。再是有思维。第三步规定题目"'坏坏的'王老师",是基于主题线索的文章修改,如果没有这个限制,所谓的修改,孩子们可能无从下手,最后"豆腐干"成了活动的介绍。况且,这个题目正好能让孩子们把游戏过程中老师的"坏"添加进去,又因为字数的限制,"添加"又成了选材的过程。而加个结尾就是引导学生整体考虑"王老师""坏坏的"到底"坏"在什么地方。三次活动,从15秒到10秒,再到5秒,为什么用时最少,反而答对的人最多?这提示了我们什么道理?同学们发现了"做事要有明确的目标,才有可能成功"的道理,让游戏过程中一直"使坏"的"王老师"的形象一下子"高大"起来——良苦用心,原来如此。当然,还有素材,让孩子们"有话可说",但又限于字数,不得不想方设法精炼文字,以满足"豆腐干"的要求。

这只是一节45分钟的研究课,具体到日常,事实上也是这么做的,我们还会让孩子们重新完整写一遍《"坏坏的"王老师》。这是课堂的延续,也是课堂内容的巩固与进一步体悟,还是创新写作、个性写作的必须。

【现场感受】

以课例看特级教师"特"在哪里

金秋十月,丹桂飘香,地处江南灵秀腹地的无锡锡山高级中学迎来了一年一度的全省语文盛会——第五届"苏派语文教育论坛"。来自全省初高中的语文骨干教师欢聚一堂,聆听语文大咖的报告,观摩名师研究课,参与"语文教学新视野"的主题研讨。我有幸参加了此次盛会的初中分会,聆听了镇江外国语学校的王益民老师执教的作文课《写"豆腐干"文章》,叹曰:特级教师就是不一样,确有过人之处。"特"在何处?三点可鉴。

一、"特"在教学思想上

思想是先导,决定着行为;教学思想是教学的灵魂与核心。王老师的课堂教学很好体现了他的语文教学主张，展现了他的教学思想，体现了他对语文教学新的理解。这节作文课，属于"三三三作文系列训练"中"主题活动式"，体现了他"在捕鱼中学会捕鱼"的作文训练思想。他以精心设计的活动来激发学生兴趣，又以活动过程为素材进行写作训练，解决下锅之"米"。指导学生在写作实践中学会写作，在活动过程中进行写作，在修改比较中完善习作，在方法指导下完成写作。引领着学生兴味盎然地在"捕鱼"前先观摩捕鱼，再归纳总结得到"捕鱼"方法，接着带领学生下水"捕鱼"。把作文与生活相结合，作文与实践相结合，作文与活动相结合，作文与课堂内容相结合，很好地体现了"让作文发生在现场"的写作思想。

二、"特"在教学设计上

精巧的教学设计，可以很好地体现教学思想，落实教学思想。教学设计是教材、教师、学生三者之间的媒介、纽带、桥梁，它是师生课堂行为的策划书，是师生对话交流的舞台说明，是课堂戏剧冲突的脚本。王老师的这节课的设计可谓"巧"，他让学生观察屏幕上的字母图表然后回答问题。这一活动的创新设计，既激发兴趣，使学生情绪高涨，热情参与，又解决了作文训练的写作素材问题和内容问题。更"巧"在三次训练写"豆腐干"是逐层深入的，与游戏活动同步，且这一游戏活动每次都有变化，写作内容越来越丰富，围绕"豆腐干"文章的写作要求不断提高。游戏设计又先慢后快，节奏有变化，渐次推向课堂高潮。"时间短反而观察更准确"是学生的发现，也是"豆腐干""深刻"的要求，从这一组游戏中得出"做事要有目标，才能成功"的道理也就水到渠成了。可以说是小文"巧"做，小文"巧"导。

三、"特"在教学细节上

细节体现教学理念，体现教学智慧；细节最见教师教学功力。数个精彩的教学细节，构成成功的教学环节。观课中，我们学习名师除关注他们的课堂设计思想、教学理念外，应更关注细节，因为精美艺术品是需要放大镜观察的，这样才有心动、感动、撼动之后的领悟。王老师的课幽默、诙谐、睿智，大气而不忘精细，雕琢而流畅自然。尤其是其生活化、口语化语言，简朴、通俗、风趣。如在活动一中，问图中共有几个字母D，学生蒙了，不知道，王老师却说："我也不知道，你们就大胆猜猜，就是蒙呗！"多么逗趣的语言，意在激趣，丰富课堂内容，为下面的写作积累素材。真是高明的设计，精彩的细节。再如，学生写"豆腐干"文章过于简略，他随口说道："要把这个游戏的经过写清楚，回去让你爸妈读后知道这游戏具体怎么回事就行。"一语破的，胜过多句指导。王老师的指导大多随兴，自然无痕，看似漫不经心，实则有奇巧在里面。

当然，王老师课堂之"特"不仅体现在以上几方面，在教学素养、业务能力、课堂驾驭、口头表达等方面均显示出非一般老师可比的功底。没有大量的理论学习、多年的课堂历练、孤灯面壁的思考、长期的知识积累，没有持之以恒的精神、刻苦拼搏的毅力，是达不到此种境界的。

（顾志文，江苏省滨海县第一初级中学）

【专家点评】

作文教学：必须作用于学生的写作过程

由于语文教材缺乏系统的作文指导，作文教学常常处于随意和盲目的状态。作文教学存在诸多问题，其中最为重要的问题就是不能很好触及学生的写作过程。很多老师的作文教学，只是告诉学生应该怎么写，写得怎么样，往往偏重写作知识的传授，忽视学生写作实践的体验，游离于学生的写作过程之外，从而造成学生作文无欲而写、无话可写、无法可依的困境。如何克服作文教学弊端，改革作文教学的指导思想和策略，帮助学生摆脱"作文难"的困惑？江苏省镇江外国语学校的王益民老师在第五届"苏派语文教育论坛"上执教的《写"豆腐干"文章》一课，为我们提供了很好的范例。教学过程中，王老师通过精心设计的活动激发学生的兴趣，并以活动过程为写作素材，现场指导学生在写作实践中学写作，在方法指导下完成写作，在修改比较中完善习作。这是一堂真正作用于学生写作过程的作文课。学生在一次次充满悬念和挑战的活动里，享受着作文的乐趣，并使自己的写作能力逐步得到提升。

一、典型展示，在评价和交流中形成认识

小孩子学说话，主要是听父母或旁人的说话，不断进行模仿和实践，才学会了说话。在动物世界里，动物获得捕猎的技巧和生存的能力，主要靠现场的观摩和互相的交流、切磋，而不是靠父母传授知识和方法。在作文教学中，通过典型的展示，让学生对写作过程和写作目标有正确的把握，是一个比较有效的方法。作文评讲的过程中，老师不应该充当评判结果的法官，或者是判定输赢的裁判，对学生的习作，不应只是开完批斗会和表彰会就算了事，而应该尽可能展示写作的过程，并开展评价和交流活动。师生之间、生生之间，或言其短，或言其长，或谈成功，或说失败，或谈感受，或提问题，或谈经验，或说困惑，学生在互相评价、交流中形成对写作正确的认识。这堂课，王老师在这方面作了很好的处理。

师：请同学们先看一份《镇江日报》（屏显）。大家看报纸版面由一块一块的文章构成，你觉得哪一篇可以称得上是"豆腐干"文章？

生：左下角篇幅最短小的那篇。

师：为什么你觉得它是"豆腐干"文章呢？

生：我觉得它篇幅最小，又根据教材对"豆腐干"文章的描述，所以我觉得它是"豆腐干"。

师：对于"豆腐干"文章的名称还有很多种。我也收集了一些，同学们看看。（屏显）一起读一读。

生：（齐）豆腐块、微文、微写作、短文、小微写作、小作文、小练笔。

师：在学过的文章中，你能举一两个"豆腐干"文章的例子吗？

（学生思考轻声讨论。）

师：学过《刻舟求剑》和《郑人买履》吧？

生：（齐）学过。

师：《郑人买履》61个字，《刻舟求剑》全文仅有53个字，短小精悍。（板书：短小。）

下面给同学们看一篇短文，眼睛睁大哦，文章马上出现！（老师用孩子般可爱的语气说）〔屏显：《街边》（王珑璨）。〕

……

师：短文讲了一件什么样的事？

生：这是作假。哑巴能说话，聋子能听得见，瞎子能看得见。

……

师：大家有没有觉得像这样的事情似曾相识呢？哑巴能不能说话？聋子能不能听到？瞎子能不能够数钱？但是这些事却真实地发生在街边，具有很强的讽刺意义。这样看来，"豆腐干"文章就像同学们刚才说的"很短"，除此之外，最重要的还有什么特点？

生：短小精悍，寓意很深。

师：短小精悍，却寓意深刻（两个特点），一点也不比长篇文章逊色。下面我们看看老师写的这篇文章。这篇文章是写我的。这是我在教学30年的过程中，孩子们为我起的绰号的变奏曲。（老师深情自读。屏显《绰号变奏曲》。）

……

师：刚才同学们说"豆腐干"文章有两个特点：篇幅短小，寓意深刻。还有什么特点？能不能讲废话，或是大量地描写？

……

教学中，王老师首先展示《镇江日报》上的"豆腐干"文章，并引导学生回忆刚学过的短文《刻舟求剑》《郑人买履》，通过出示生活中常见的报纸和复习旧知，很自然地唤起了孩子们对于此类文章的感性认识。接下来王老师引导学生阅读两篇短文，一篇是短文《街边》，另一篇是王老师自己写的《绰号变奏曲》，进而师生讨论归纳出此类文的主要特点：短小、深刻、紧凑、实在。这也是王老师这堂课教学内容的主要聚焦点。通过典型展示、师生交流，让学生在评价交流的过程中形成对这类文章的特点的正确认识，明确了目标，从而为下面的当堂作文环节作了必要的准备。活动过程的展开中，则有更多的学生作品进行了交流展示。课堂的最后，王老师出示了一篇自己班级的学生二次打磨后的《"坏坏的"王老师》，再次激发了大家进一步修改完善自己作文的欲望。从这堂课展示典型的类型来看，既有正面的成功的，也有反面的不成功的；既有本班学生的，又有其他班学生的；既有其他作者的，又有自己的。而所有的这些展示无不聚焦于"豆腐干"文章的四个特点，从而实现了"教学内容"与"训练目标"的高度匹配。

值得一提的是，王老师自己创作的"自嘲"式的下水文《绰号变奏曲》，很好地激发了学生的生活体验，拉近了与孩子之间的心理距离，并为后面学生写《"坏坏的"王老师》这一教学环节的顺利展开，在内容和情感上作了很好的铺垫，可以说充分挖掘了课堂资源的效能。著名特级教师王栋生老师曾提出这样的观点："语文教师应当是优秀的表达者。"上好一堂作文课，有自身写作经验的教师，往往会教得更透彻，讲得更深入，指导得也更具体。事实上，有写作经验的教师，其作文教学资源会更丰富，其作文课也会更鲜活、更有趣。许多教师的作文课堂之所以干瘪无趣，根本原因就在于教师的作文教学内容缺乏自身经验的温度，缺乏理论知识与鲜活实践的交融与碰撞，这样"空谈"的课堂，必然因"写作经验"的严重匮乏而蜻蜓点水、隔靴搔痒，教学效果当然也就可想而知。在这堂课上，王老师利用自身的写作经验激活课堂的精彩例子随处可见，这里不再赘述。

二、巧设活动——在实践和体验中习得方法

王老师的这堂课，是以活动为中心的作文课，活动的过程就是写作的内容。这种课型一般的教学思路是：（1）活动；（2）讨论；（3）写作；（4）交流。先是设置现场活动，然后围绕活动展开讨论，发现、揭示活动中的写作元素，产生写作的冲动和写作的欲望，再根据活动进行写作，最后交流、展示文章。王老师在这堂课上设计的活动可谓巧妙之极，匠心独运。请看下面的教学片段：

师：我们先玩一个游戏，然后写作，好吗？（屏显图片，略）

师：观察下面这张图15秒。（倒计时）

师：时间到！我的问题是：刚才展示的图片中有几个字母D？

（生瞬间被问蒙，问题完全出乎意料，无人举手。）

师：我也不知道，你们就大胆猜猜，就是蒙呗！

生：4个/5个/6个。

师：其实我也不知道有几个。（生笑）

师：不管有几个，请同学们把"活动一"的经过用100个字写出来，写在发放的稿纸上。注意，多于100字算不合格，少于100，哪怕你只有两个字也算合格。

……

师：再请观察图片10秒，这次我允许你们商量一下对策。

（生讨论激烈，商量对策。）

师：注意不能拍照，不能记录。注意遵守游戏规则哦。倒计时，3——2——1，时间到。我的问题是：刚才展示的图片中第四行第五列的字母是什么？

（学生惊呼"上当"，答案A、B、C、D、E不尽相同。）

师：看来你们也没有一个准儿，我也不知道你们到底正确不正确。我们再玩一次好不好？这次只能给你们5秒钟的时间，现在再给你们点时间好好商量一下。（生商量）

师：请告诉我图片中第五行第六列的字母是什么。（出示字母图片5秒）

生：（异口同声）E！

师：下面请同学们接着"活动一"，再用150字左右写出"活动二"和"活动三"的经过。

首先，活动内容"巧"。让学生观察屏幕上的图片，然后回答问题，再以活动过程为内容进行写作。三次活动，每次要求都有变化，而且每次都充满悬念和挑战，学生应对的方式自然也不一样。这样的创新活动设计，本身关照了学生的经验世界，既使学生情绪高涨，热情参与，又给他们带来了写作的种子，从而解决了作文训练的写作素材和内容问题。

其次，活动层次"巧"。王老师的当堂作文训练是分三步完成的。第一步，用100字将"活动一"的过程写出来，语言必须干净、利落，活动主题要清晰准确。第二步，再用150字写出"活动二""活动三"的经过。这次王老师没有把"活动二""活动三"分开写,既节省了课堂时间,又避免了训练形式的单一化。第三步,以《"坏坏的"王老师》为题,重新修改,明确主题。三次训练与活动同步,每次活动要求又有变化,由低到高,由浅入深,逐层深入,写作内容越来越丰富,充分实现了写作资源价值的最大化,避免了作文教学中写作资源的浪费现象。

最后,教师引导"巧"。第一次活动后,学生都在100字内完成了写作,但有的因为字数过少,过程描述显得模糊,这时王老师随即提出,写的游戏过程,要能让爸妈看得懂,学生于是明白:豆腐干文章,字数虽少,但要"五脏俱全"。活动二、三之后,王老师因势利导,引导学生注意三次活动记叙的详略等问题。一些写作的方法,如叙事的层次与详略、主题的贯穿,还有体现思维深度的结尾等,学生在教师的引导和实践中逐渐领悟、习得。

尤其值得肯定的是,这样的活动式作文课体现了作文教学对学生写作过程的关注和影响,写作过程具有很强的现场感,每个学生都亲历现场,身在其中,有感而发。我们以往的作文指导和评讲常常是提出问题所在,更多的是进行静态的分析,简单的优劣对比,这虽然对学生形成一定的学习心理有一定的刺激,但这种刺激往往缺少强度,形式单一,时间一长,容易引发学生的逆反情绪。而王老师这堂课通过巧设活动、现场提升进行作文训练,形成了一种动态的多维度的过程比较,收到了意想不到的理想效果。

三、放大细节,在剖析和历练中把握要领

作文过程包含的因素和环节实在很多,有时候问题就出在一些并不被关注的细枝末节之中,通常的训练很难到位。这就需要选点聚焦,对这些细节进行放大,使学生对这个问题看得更清晰,认识更到位,训练更有效。就像运动员的训练,把比赛的录像进行回放,其中一些细节用慢镜头或特写镜头呈现,然后再针对性地进行矫正训练,效果常常比较显著。我们来看王老师在这堂课中的一个教学片段:

师:好,现在我们将三个活动写了出来,你觉得你的文章是不是一篇标准的"豆腐干"呢?认为"是的"举手。为什么?

生:我认为是的。因为我在规定的字数内写出了活动的经过。

师：嗯。三个活动都写完了，谁敢说自己的文章不是呢？

生：好像还有点问题。因为我们写出来的东西还是没办法让人马上就明白。

师：还需要改是吗？还有别的原因吗？我们刚才说了"豆腐干"文章短小、深刻、紧凑、实在，根据这些词，看看你们写的文章还能作哪些修改？你们有结尾吗？有主题吗？一篇文章要有主题。（生陷入思考中）这样，假如你的这篇文章的题目是"'坏坏的'王老师"，请重新修改你的"豆腐干"，不要忘了为文章加个结尾哦。先把题目写上，现在开始。

（生第三次认真写作。）

师：（观察指导）直接在原文处作修改，方法有增、删、调、补等。好文章就是改出来的。

师：（过了一会儿）好，我们请几位同学把自己修改好的文章读一读，给大家展示一下。

生：《"坏坏的"王老师》：王老师让我们看一组图片，第一次用时15秒，问几个 D，第二次用时10秒，问第四行第五列之字母，我们答案甚异，老师甚惊讶。第三次时老师已告知字母在哪个方位，答案是 E。王老师乃卡通人物，切勿与外界正常人类混淆，特此通告！

师：我，就这么另类吗？同学真幽默，他在形式上有了些变化。我们再请别的同学说说看。

……

这是本节课的高潮所在。在学生基本完成习作后，王老师敏锐地发现了孩子们文章中出现的问题，习作大都缺少深刻的主题。这时，王老师引导学生思考：你手上的文章是不是一篇"豆腐干"文章？并引导他们重温黑板上板书的"短小""深刻""紧凑""实在"四大特征。有些学生通过思考、比照后，便发现了存在的问题：主题不深刻。下一个任务就自然而然形成了——假如文章题目是《"坏坏的"王老师》，请重新修改你的"豆腐干"。学生接下来于是有了这样的发现："时间短反而观察更准确"、"做事要有明确的目标，才有可能成功"……"豆腐干"文章的一个重要特点——"深刻的主题"，学生在习作中往往不容易表现，这里王老师对写作过程中的这一重要环节进行了重点剖析,让学生在放大的镜头中发现问题,从而让学生在反复的历练中揣摩写作的要领,领悟写作的规律。

如果将一篇作文比作一条鱼,得到这条鱼通常有三种路径,给他一条鱼(范文、母文);教给他捕鱼的方法(作文的技巧等);让他自己下海(河)捕鱼(写作实践)。王老师在这堂课上选择的路径是——"在捕鱼中观摩捕鱼""在捕鱼中习得方法""在捕鱼中学会捕鱼",这其实就是范文、写作方法教学、写作实践这三者的共生共融;同时,这也是教与学的融合,教师的"教"真正落实到了学生的"学"上,换言之,学生作文的过程,得到了教师应有的观照和指点。

倪文锦教授在《语文新课程教学法》里指出:"学生的写作过程,表现为一个复杂的心理过程,它涉及学生掌握的词汇量、句子、语段组织能力、知识质量、观察能力、情感态度、思维品质和价值取向等多种内在因素,它还涉及从构思、起草、修改到定稿这样一个不断循环往复的写作过程。"对于具体的一节课而言,教师应当侧重关注其中某个因素或环节,重视学习过程的指导,让学生在真实情境中,呈现出真实问题,感受到真实的变化。一堂好的作文课,必须作用于学生的写作过程,注重学生学习和教师教学的"在场性",教学过程能够具体化为教学上的作文指导过程。

(金军华,特级教师,江苏省无锡市旺庄中学)

可以这样教《松树金龟子》

课堂提要：说明文《松树金龟子》怎么教（学）？紧紧扣住"这一篇"的特质——"科学与诗的完美结合"，然后选择学习的策略：第一，以六个词语为抓手，提挈全文内容的策略。第二，在体悟语言的"科学性"上，采用"例举"后自我发现的策略。第三，对于"诗"的语言采用分层推进的学习策略。

【课堂实录】

《松树金龟子》：科学与诗

时间：2016年4月
地点：江苏省镇江市崇实女中
班级：崇实女中七（2）班
活动：镇江市特级教师评选课堂展示活动

一、感知全文

师：大家自由读读课文，圈画出陌生的字词。（生读）

师：王老师整理了一些生字词，我们来读一读好吗？（屏显。生个别读；出示注音，师生一起提醒字音、字形。）

炫耀　雄雌　抑郁　鞘翅　咫尺　魅力　献媚　无动于衷

师：王老师还想请一位同学上黑板听写。其余同学在草稿上写，都竖着写，好吗？

仪表堂堂　拜访　大献殷勤　一模一样　繁殖　贪得无厌

师：大家在文中找出这六个词（生找），看看这六个词分别对应了松树金龟子的哪些方面的介绍？

（师生共同明确：外形、习性、婚恋、声音、生育、进食。板书在六个词右侧。）

师：这样我们就能用一句话概括全文内容了。哪位来试一试？

生：文章介绍了松树金龟子的外形、习性、婚恋、声音、生育、进食。

师：加一个中心词就更准确了。

生：文章介绍了松树金龟子的外形、习性、婚恋、声音、生育、进食的特征。

师：假如让我们用一段话概括全文内容，你怎么概括？（生讨论）

生：可以在六个方面的词前面加修饰语。

师：很好。哪位来试一试？

生：《松树金龟子》一文通过准确的说明，生动、形象、细致的描写，向我们介绍了具有"音乐天赋"的松树金龟子，使我们了解了金龟子的外形、特点、生活习性等，唤起了我们对动物世界生存状态的关注，激发了我们关爱动物、保护动物的热情。

师：哪位来评价一下她的概括？

生：这不是内容的概括，而是中心思想。

师：对。概括内容就行，不要读手边的资料，自己思考。

生：文章从六个方面介绍了松树金龟子。有仪表堂堂的外形；有各种生活习性；还有它的婚恋生活；唱歌、发音原理；当然，还有它的死亡与繁衍、进食等的特征。

师：这么多，重点介绍的是？

生：它的婚恋和发音原理。

师：为什么这成了重点？

生：婚恋和发音原理最有特色，也最好玩。

二、语言的科学性

师：你说的对。我们这篇文章的体裁是？

生：说明文。

师：说明文的语言风格往往是？

生：准确。

师：好，我们来看看这句（屏显），哪位同学来赏析下？

雌虫的触角末端却只有6条流苏，而且又窄又短。

生：这句使用了列数字的说明方法。

师：你发现了列数字，这很好。但这句还有一些词值得我们关注。同桌讨论下。

生："却只有"是相对雄虫而言；"又窄又短"也区别于雄虫。

师：王老师再补充一点：从上文看，也是告诉读者，"不要想象力太丰富了"，雌虫竟然跟你们想的不一样。

文中像这样的准确说明松树金龟子的地方还有很多，大家再找找看，看看他们使用了什么说明方法，词语准确在哪里。

（生找，批注。）

生：我找的是第3段——"金龟子的折扇，跟天牛长长的须角、锹甲的铁锹般的上颚一样，都是发育成熟可以求偶的标志，只是外形各不相同而已。"这里采用了作比较的说明方法，指出了金龟子折扇的作用。

师：你找的这句从上下文来看，还有一个作用。

生：哦，对，结构上引起下文，下文要写金龟子的婚恋了。

生：我找的是第11段——"其他为数不多的鞘翅目昆虫也具有同样的特点。例如屎壳郎，也是靠腹部的伸缩来摩擦鞘翅后翼，发出声音的。"这里用了举例子的说明方法，说明鞘翅目昆虫共有的发音原理。

生：我找的是第19段——"它们用腹部末端像犁一样的产卵器挖土，

然后爬进挖好的坑里……"这句用了打比方。"像犁一样的产卵器"，很形象的。

　　师：刚才我们找到了几种说明方法？

　　生：四种。列数字、作比较、举例子、打比方。

　　师：这些句子的共同特征是？

　　生：准确。

　　师：对，体现出语言的科学性。但是，这篇文章语言最大的特点是科学性强吗？（生茫然）

三、语言的"诗"性

　　师：我们来读一读第122页的注释①（生读），你们有什么发现？

　　生：有人评价法布尔的《昆虫记》的特点是"科学与诗的完美结合"。

　　师：是的，科学性我们刚才已经领略了，下面我们一起看看这篇说明文的诗一般的语言。我们先看如何写"外形"的。（屏显）大家比较下：

　　（第1段）原文：松树金龟子长得仪表堂堂，它身披黑色或棕色外套，外套闪着金属的光泽，上面还点缀着一些白色斑点，显得既朴素又高雅。

　　改文：金龟子外形是黑色或棕色的，有一点光泽，上有白色的斑点。

　　生：原文采用了拟人的修辞手法。"仪表堂堂""身披""朴素又高雅"十分形象、生动。改文就比较朴素了。

　　师：像这样，王老师根据六个方面——外形、习性、婚恋、声音、生育、进食，各找了一处。"外形"我们已经赏析了，是从修辞方法的角度，剩下的五个方面你们看看可以从哪个角度来赏析。（屏显）

　　（第4段，习性）当白天变得最长，阳光使庄稼披上金黄色时，金龟子准时奔向树林。在那段日子里，每当傍晚降临，小虫就来拜访我住所边上的松树。

　　（第6段，婚恋）大多数金龟子嘴里啃着松针，后爪钩着树枝，露出很满足的样子。有的甚至咬着松针在那里打瞌睡。

　　（第13段，声音）那声音听起来不像是唱歌，倒更像是抱怨声，对命运的抗议声。真是奇怪，在金龟子的世界里，歌声是用来表达痛苦的，而沉默则是欢乐的标志。

（第19段，生育）7月上旬，关在铁丝网里的雄金龟子开始退到角落里，有时也钻入土里，慢慢地老死。

（生研读各句、批注；约三分钟后四人组交流；再两分钟后小组汇报。）

生：这四处都运用了拟人的手法。

师：第四句没有拟人，至少不明显。你分别读一读。

生：好。（读后）我说第一处，剩下的我们小组其他同学说行吗？

师：好呀。

生：这一处介绍金龟子作息的习性，"奔向""拜访"不仅生动，而且有趣。

生：第二处有几个动词：啃、钩、咬，写出了金龟子安静的样子。

师：这跟本节所写的金龟子的"婚恋"有什么关系？

生：喔，这些动作写出了金龟子婚恋时期很满足、很执著。

师：你也很会学习，能联系上文赏析。好，继续，第三处。

生：这一处写出了金龟子用歌声来表达痛苦，这跟一般动物的习性是不一样的。

生：先"退"，再"钻"，最后"老死"是"慢慢地"。准确的动词与限制词写出了金龟子的死亡过程。

师：还有"进食"，我选的是第21段的这句。（屏显）

（第21段，进食）别去打扰它吧！它是暑天暮色的点缀，是夏至那天镶在天幕上的漂亮首饰。

师：这一处与前面所例举的五处有什么不同？同桌交流下。

生：前面是金龟子的特征。这句是号召，是抒情。

师：哪里抒情了？

生："它是暑天暮色的点缀，是夏至那天镶在天幕上的漂亮首饰。"还有比喻呢！"镶在天幕上的漂亮首饰"，抒发了对于金龟子的喜爱之情。

师：你们有没有觉得这句特有诗意？（生点头）我把这一处，与前面一处改成了诗歌形式。（屏显）我们来读一读。（生读）

在金龟子的世界里

歌声是用来表达痛苦的

而沉默

则是欢乐的标志

别去打扰它吧

它是暑天暮色的点缀

是夏至那天

镶在天幕上的漂亮首饰

师：刚才我们感受了这一课语言的诗意，有拟人、有比喻，有精确的动词、准确的限制词，让我们体会到了生动有趣的松树金龟子的世界。难怪有人说，《昆虫记》是？（屏显；生齐答。）

科学与诗的完美结合。

四、感受情怀

师：我们来看法布尔《昆虫世界》"卷二"中的一个句子。（屏显）

你们是把昆虫开膛破肚，而我是在它们活蹦乱跳的情况下进行研究；你们把昆虫变成一堆既可怖又可怜的东西，而我则使得人们喜欢它们……你们探究死亡，而我却探究生命。　　　　——法布尔《昆虫记》（卷二）

但也有人对法布尔的《昆虫记》提出了异议，比如鲁迅先生。（屏显）

他的著作还有两种缺点：一是嗤（chī）笑解剖学家，二是用人类的道德于昆虫界。　　　　　　　　　　——鲁迅《且介亭杂文二集》

但不管怎么说，我们这节课还是感受到了《松树金龟子》的语言特征，这就是——"科学与诗的完美结合"！下课。

【教后反思】

教学内容转化为教学设计的三个策略

《松树金龟子》一文是苏教版教材七年级下学期第四单元"动物世界"

中的一篇说明文。本单元课文让学生接触动物世界，了解一些动物，激发起他们关爱、保护野生动物的感情。《松树金龟子》一文通过准确的说明，生动、形象、细致的描写，向我们介绍了具有"音乐天赋"的松树金龟子，使我们了解了金龟子的外形、特点、生活习性等，唤起我们对动物世界生存状态的关注，激发我们关爱动物、保护动物的热情。但全文共有3400多字，可谓长文，45分钟，教（学）什么？如何教（学）？

先说"教（学）什么"。我把目光聚焦在课本"注释①"上，有人评价法布尔的《昆虫记》特点是"科学与诗的完美结合"，带着这样的评价再次阅读文本，发现"这一篇"说明文语言最大的特征就是这个，这样就可以确立本文的教学价值"科学与诗的完美结合"。那么如何将此设想转化为学习的过程？几经思考，确立了以下三个策略：

第一，以六个词语为抓手，提挈全文内容的策略。这六个词语是"仪表堂堂、拜访、大献殷勤、一模一样、繁殖、贪得无厌"，我们来看一个镜头：

师：王老师还想请一位同学上黑板听写。其余同学在草稿上写，都竖着写，好吗？

师：大家在文中找出这六个词（生找），看看这六个词分别对应了松树金龟子的哪些方面介绍？

（师生共同明确：外形、习性、婚恋、声音、生育、进食。板书在六个词右侧。）

由"听写"进入课文"内容"的把握；再用六个词语"一句话概括全文"，进而"一段话概括全文"。六个词语——四用，这个环节学习什么呢？解决文本写了什么，这为后面"科学与诗"的学习张本，同时有了关键词的提炼，在板书上也作了一些设计，让"长文"能够概略化地进入学生的视野，用一句术语，就叫作"整体感知"吧。当然，如果时间允许，还可以让学生自己找出全文所写的六个方面的内容，再用最恰当的关键词去概括。目前这种方法虽"巧"，但限于公开课的时间限制，都是老师主动给出"支架"，缺少学生的主动"建构"。

第二，在体悟语言的"科学性"上，采用"例举"后自我发现的策略。

我们还是来看一个镜头：

师：哪位同学来赏析下？

雌虫的触角末端却只有6条流苏，而且又窄又短。

生：这句使用了列数字的说明方法。

师：你发现了列数字，这很好。但这句还有一些词值得我们关注。同桌讨论下。

生："却只有"是相对雄虫而言；"又窄又短"也区别于雄虫。

师：王老师再补充一点：从上文看，也是告诉读者，"不要想象力太丰富了"，雌虫竟然跟你们想的不一样。

文中像这样的准确说明松树金龟子的地方还有很多，大家再找找看，看看他们使用了什么说明方法，词语准确在哪里。

（生找，批注。）

学生在发现说明文的"科学性"这一点上，很容易带着"说明方法"的思路去找寻，上面这个片段就具有引导的作用，不仅要发现说明方法，还要联系上下文，也就是语境，去体会一些词语的妙处。从接下来的汇报来看，学生还未能迅速改变思路。好在，我在课堂上不断引导学生去发现被他们忽略的地方。

几位学生介绍完自己的发现后，就要过渡到"诗"了，我在这里是先总结（课中小结），总结出几种说明方法，再自然过渡到本节课的重点，也是难点的"诗"的语言赏析：

师：刚才我们找到了几种说明方法？

生：四种。列数字、作比较、举例子、打比方。

师：这些句子的共同特征是？

生：准确。

师：对，体现出语言的科学性。但是，这篇文章语言最大的特点是科学性强吗？（生茫然）

第三，"诗"的语言采用分层推进的学习策略。文章共写了松树金龟子六个方面的内容：外形、习性、婚恋、声音、生育、进食。第一层，先列举，列举的时候，采用"比较法"——

师：我们先看如何写"外形"的。（屏显）大家比较下：

（第1段）原文：松树金龟子长得仪表堂堂，它身披黑色或棕色外套，外套闪着金属的光泽，上面还点缀着一些白色斑点，显得既朴素又高雅。

改文：金龟子外形是黑色或棕色的，有一点光泽，上有白色的斑点。

生：原文采用了拟人的修辞手法。"仪表堂堂""身披""朴素又高雅"十分形象、生动。改文就比较朴素了。

第二层，需要学生"如法炮制"了，不过这次与"科学"语言的赏析所不同的是，句子是老师确定好的，保证赏析的角度个个不同，有利于总结的时候形成'程序性知识"。

师：像这样，王老师根据六个方面——外形、习性、婚恋、声音、生育、进食，各找了一处。"外形"我们已经赏析了，是从修辞方法的角度，剩下的五个方面你们看看可以从哪个角度来赏析。（屏显）

第三层是关于松树金龟子"进食"特征的，这一段更加的"抒情"，所以单独提取出来赏析，并用"诗歌"的形式再次"改编"，让学生形成感性的印象。

就这样，三种策略，基本完成了"科学与诗的完美结合"这一教学内容的具体落实。

【现场感受】

简约的设计，丰富的活动

听说王老师要来我们学校上课，还是特级教师评选课堂展示，于我真可谓"天时、地利"，不容错过。王老师上的是苏教版七年级下册的《松树金龟子》，这篇文章是法布尔《昆虫记》的节选，篇幅比较长，足足有五页。如何能够一节课学完，学完之后学生对松树金龟子的习性是不是有所了解，对法布尔生动活泼的语言又是不是有所体会呢？这堂课是不是能为学生打开一扇通往昆虫世界的大门?

王老师用他简约的教学设计,丰富的学生活动逐个化解了我的疑惑,坐在课堂上的我如沐春风。

一、简约的教学设计

有句广告词说"简约而不简单",王老师的课堂设计就是这样的。哪怕一个细小的不经意的环节都透露着他的教学智慧。

课上王老师让同学们熟悉课文,读一读,画出陌生的字词,然后师生一起学习字音、字形,这个环节似乎平平常常,我们大多数老师都会这样做。然而,王老师紧跟着听写了六个词"仪表堂堂、拜访、大献殷勤、一模一样、繁殖、贪得无厌"。当时,我并不明白其中的用意,听到后面才知道:这既考查了学生的字词掌握情况,更重要的是为下一个环节张本。作为语文教师我们都知道"字词教学"不可少,但又常常感觉它放在语文课堂的开头显得突兀、脱节,而王老师安排学生竖着写这六个词,并让学生思考分别对应了松树金龟子哪些方面的介绍。妙!原来这是六个别具匠心的词。在王老师的引导下,学生逐步明白介绍的是金龟子"外形、习性、婚恋、声音、生育、进食"六个方面的特征,理解了文章的主要内容,真有种"水到渠成"之感。

而整堂课设计得就更为简约、巧妙了。王老师引导学生看语文书第122页注释①——"有人评价法布尔《昆虫记》的特点是'科学与诗的完美结合'",用书上现成的资源帮助学生理解这篇说明文语言的特点,巧妙地将课堂教学的主体分为两个板块:"语言的科学性"和"语言的'诗'性"。

在体会文章的"诗性语言"时,王老师给的正是紧扣"外形、习性、婚恋、声音、生育、进食"六个方面特征的例句,让学生在品味语言的同时,进一步加强了对课文内容的理解,与开头同学们整体感知到的"六个特征"形成呼应。

二、丰富的学生活动

余映潮老师指出:语文作为一门学习语言文字运用的综合性、实践性课程，教学中的学习活动从本然意义上讲必然是丰富的，而且听、说、读、写、诵以及思维活动、讨论活动都应指向学习语言文字运用。所谓有意义的语文活动，应该更有结构一点，更完整一点。

王老师一开始的"字词教学"就包含了丰富的学习活动。先是请同学上黑板听写六个词，其他同学在草稿上写（这是让学生动笔写，还有板书展示）；然后在文中找出这六个词（这是引导阅读课文），还要思考分别对应了松树金龟子哪些方面的介绍（这是深入理解文本的思维活动），最后概括全文的内容（这是思维后的语言表达训练）。在概括主要内容这个环节，学生答得不是那么顺畅，王老师因势利导，告诉学生"加一个中心词就更准确了"，并且让其他学生来评价一下概括得怎么样。这些活动都有效地激发了学生的思维，让他们更加深入到文本。

在体会"诗"性的语言这个环节中，王老师用"比较"的方法，引导同学们体会"外形"这一方面语言的生动性。后面还有"五个方面"怎么办呢？王老师用PPT投影出来，让同学们先研读各句并作批注（这是学生的自主学习的过程，读、写、思考都在其中），三分钟后四人小组交流（思维的碰撞，这是针对语言的讨论活动），两分钟后小组汇报（听和说的训练）。我能感受到课堂的上空凝聚着思维的紧张度，同学们对这几句话的语言赏析饶有兴趣。在小组汇报的环节，同学们从修辞、动词、副词等角度作了精彩的回答，王老师适时的追问又引发了学生深入的思考。而当学生说都运用了拟人的手法，王老师明确指出第四处不明显，并让这位同学分别读了一读，这样就引发了全体学生的思考。

几个方面都赏析完了以后，王老师把课文中的几句话改成了诗歌的形式，让同学们一起来读一读。这个诵读活动不正是情感、思维的进一步内化吗？简洁的诗行、生动的语言将金龟子的特征表现得更加明显，相信学生们一定已经爱上这个小精灵了，也爱上法布尔的文字了。这样的总结不露痕迹，又更有语文味。

"感受情怀"这一环节，引发了学生对法布尔《昆虫记》语言和情怀的思考，给学生留下了回味的空间。

总的来说，这堂课学生活动是丰富的，有层次的。"字词教学"逐层深入,引发学生对课文内容的理解。语言品味重点突出,"科学性"与"诗性"重点体会"诗性"。"诗性"的语言从"外形"入手,给予示范、方法指导;之后"五个方面"的研读、讨论是运用,是实践;读诗的环节是对"诗性"语言的集中品味、深化感知。

  我想王老师可以将这么长的一篇说明文处理得如此游刃有余,和他对文章透彻的理解密不可分。首先,他清楚地知道要教什么,然后再定下怎么教。"教什么"体现了对文本把握的功底,"怎么教"体现了对课堂设计的功力。这也是我们需要不断学习和提高的。

(焦静,江苏省镇江市崇实女中)

【专家点评】

追求"科学与诗"的说明文教学境界

  看一个老师教学说明文,大抵很能看出他的教学追求和教学功底。

  一是愿不愿意研究说明文教学,展示说明文教学。敢去啃这块语文教学硬骨头的,一定是多少有点儿教学理想的人。我看益民老师这课,是为"镇江市特级教师评选课堂展示活动"所上,敬意遂油然而生。在这么关键的场合教学说明文,可见益民老师的教学勇气。

  二是在说明文教学中如何"守正"与"创新"。比之于其他文本,中学语文说明文知识体系本身不完善,内容更匮乏,说明文教学程序更僵化死板,要把说明文上出滋味,上出境界,难度很大,挑战很大。

  益民老师,显然是有勇且有谋的。

  且让我们欣赏这堂有滋有味的《松树金龟子》。

  先看其"科学境界"。

  益民老师的说明文教学,内容的开掘是符合说明文体质的,站位很准,很稳。

全课三个大板块。

首先,以关键字词的学习做抓手指导学生"看篇""看段",整体俯瞰全文,提炼说明内容,把握全篇。这是准备,是蓄势。

然后,以重要句子的赏析做抓手指导学生"看句""看词",在语言表达细节上研究,把握这篇说明文语言"科学性"和"诗性"并存相融的说明文特质。

这是这堂课的主体部分。

既重视"科学性",又重视"诗性",就抓住了"这一篇"说明文的独特个性。

先突破"科学性",再进入"诗性",这就符合了"说明文"教学的学理逻辑。

最后,以两种截然相反的评价——法布尔的自我评价和鲁迅先生的评价对比激发学生的思辨,引发对法布尔科学研究的多角度思考,由此收束全课,结束教学。

这个教学内容,最让我敬佩的是益民老师的"克制"。

上《松树金龟子》这种文章,要坚守说明文本位,坚守语文教学的本位,老老实实教学生学习说明文语言,是本分,是正道,但真正操作起来,诱惑太多,歧路太多,稍不注意,就会误入迷途。

比如,鉴于这篇说明文对于金龟子丰富的研究成果,老师很容易被诱惑寻找大量的关于金龟子的图片,甚至文字、音频、视频材料来激发学生的学习兴趣。

比如,鉴于法布尔汪洋恣肆的科学成就,老师很容易"沉醉不知归路",情不自禁地引用穿插,跳出《松树金龟子》这个文本进入其他文本而再难沉入这篇文字中。

比如,课堂最后部分的"思辨",如果让学生展开辩论,那必定是唇枪舌剑风生水起。对不甚懂语文的观者,这辩论也许会成为课堂最大的亮点。

……

对一位成熟的语文老师而言,抵挡住来自学科丛林的诱惑,不炫技,不卖弄，不张扬，诚实地站立在一个文本中，老老实实地、本本分分地教学生学习语言，很需要一颗语文老师恪守专业的工匠之心。

语文教学中，语文老师既要有"诗歌散文心态"——自由的、抒情的、天马行空的、个性张扬的，也要有"说明议论心态"——科学的、理性的、克制的、内敛的、庄重的。在两种心态之间寻找中庸之点，乃是语文教师的修炼之道。

纵观益民老师执教《松树金龟子》，不蔓不枝，中通外直，语文味儿十足，说明味儿十足，实乃一成熟教师之气派也！

再看其教学的"诗性"。

什么是"诗"？课堂教学的"诗"，就是安置教学环节的艺术，驾驭教学细节的灵动，关注教学个体的体贴，掌控课堂大局的自如。

读课，在以下四个方面我特别佩服益民老师。

比如第一个环节——益民老师要引导学生"感知全文"。

如何做，课堂效益才最大？课堂推进才最无痕？

一般的做法是直接概括或者寻找中心句再概括。这个法子大家用得很多，但比较生硬，课堂关怀不那么到位。

益民老师很聪慧。他善于铺路搭桥，能够一箭多雕。他寻找出一篇课文里最难的词语，也是最关键的词语，听写这些词语，把基础知识的工作做得尽可能扎实，也顺势利用这些词语提出阶梯渐上的要求：用一句话概括全文的主要内容；用一段话概括全文的主要内容。

你看，这就是朴实扎实的语文课，起势很平很缓，但发展后劲很足。学生做的都是很"语文"的事，都能做，且各有起点，各有目标，各有收获。在不知不觉之间，学生就被老师用最最语文的手法带领着，进入了文本深处。

益民老师的课堂开启，简约又实在，充满耐心地给学生帮助，又满含激情地不断提出更高的学习目标，真好！

比如，在第二个环节，益民老师引导学生学习说明文语言的"准确"。老师的第一个示范，我很欣赏。且看：

师：你说的对。我们这篇文章的体裁是？

生：说明文。

师：说明文的语言风格往往是？

生：准确。

师：好，我们来看看这句（屏显），哪位同学来赏析下？

雌虫的触角末端却只有6条流苏，而且又窄又短。

生：这句使用了列数字的说明方法。

师：你发现了列数字，这很好。但这句还有一些词值得我们关注。同桌讨论下。

生："却只有"是相对雄虫而言；"又窄又短"也区别于雄虫。

师：王老师再补充一点：从上文看，也是告诉读者，"不要想象力太丰富了"，雌虫竟然跟你们想的不一样。

就我的教学经验，说明文的语言赏析，最怕的是落入窠臼，受考试影响，用穿靴戴帽的方式，用某种最有得分保险系数的语言范式去套。事实上，在一线教学中，很多老师受考试之荼毒，就是这么做的。这就是说明文教学为什么人人喊打，人人避之唯恐不及的重要原因。我们被"说明对象、说明特征、说明顺序、说明语言"等空洞的说明文知识步步紧逼，把说明文教成了最无聊的样子。

但我们看益民老师的这个教学片段，小，但很充实，很灵动，很劲道。

学生只能看出"列数字"，这符合学情。这样的回答方式具有中国学生的特色。要考试的概念化的东西，我们总是教得最扎实的。

益民老师提示："这句还有一些词值得我们关注。同桌讨论下。"

不要小看这个提示，"还有一些词"不在"说明方法"这个体系内，学生容易忽略，老师也容易的。

我们说咬文嚼字，对"词语终端"——最细节之处的关注，对词语的神经末梢的敏感，是语文最重要的基本功，是语文课堂上最应该训练的东西。

老师的提示，同学之间的讨论产生了效果，学生进步了，发现："却只有"是相对雄虫而言；"又窄又短"也区别于雄虫。"

这是了不起的进步啊！左右联系，瞻前顾后，横向和纵向的语言链接，多么伟大的发现。

而益民老师的点评再往前推进了一步："王老师再补充一点：从上文看，也是告诉读者，'不要想象力太丰富了'，雌虫竟然跟你们想的不一样。"

你看，老师在引领，"语言的前呼后应"这个能力点，教得很扎实。

这只是课堂上一个很小很小的片段，但从这个片段，我们可以看出教师研究教材的精微，更能感受到教师阅读文本时的心血倾注。不扎根在文字的土壤中，没有老农般对土壤的熟稔，就没有对文字如此深切的体贴体察。那么在课堂上，也就不可能创造出这样对于学生的文字思维很有帮助的教学对话。

第三个环节，我很担忧，这堂课研究"科学性"和研究"诗性"，益民老师用的都是赏析句子的方式。这个方式好，但有两个缺点：一是方法重复，在课堂的主体部分可能造成学生学习的疲倦。二是很容易破坏课堂教学的整体性。好句子如星星，散落于文本之中，学生四处去找，自由是自由了，但也容易"散"，说明文浑然一体的结构之美在这样的"到处找"中被瓦解消散了。教师如何做，才能够让学生既见树木，又见森林呢？

读完全课，我不禁莞尔。益民老师是很聪明的，是很有"系统建构意识"的一位名师呢！

解决第一个"缺点"，益民老师注意了"手法的变幻"。

讲"科学性"时，益民老师先给句子，然后学生自主寻句子，主要用的是师生对话式。用对话和追问的方式，准确呈现说明文语言的准确性。

讲"诗性"时，同样是以关键句子为抓手，方法就丰富多了。益民老师先出示例句，把"原文"和"改文"进行比较，引导学生在对比中走进"诗性"。然后让学生自由发现表达。同时师生对话，研究"诗性"。最后，用典范句子进行"变形朗读"，在动情的朗读中深一步感受这篇说明文的诗情画意之美。以朗读为桥，真的是展示法布尔语言诗性特质的最简单最便捷方法啊！

一堂课四十分钟，实在是非常短的。课堂教学，如戏剧表演，是"小舞台大世界"，是方寸之间的创造，甚至是掌上之舞。如何精细地规划一个又一个教学片段，让学生越学越有兴致，最能见教师功力，见教师追求。

解决第二个"缺点"呢？益民老师用的是"定位"的方法。

学习"科学性"，益民老师鼓励学生进入文字的森林，做"文字的旅游"，自由地，欢乐地，去"找"，去"觅"。这是课堂的"放"。课堂"不放"，就会"死"。自始至终老师都把驾驭课堂的缰绳死死握在自己的手中，老师会累，学生也会累。课堂是需要留出学生"撒欢儿"的时间的，这是放马入林，尊重儿童天性。但一直"放"，课堂就会"散"，课堂的"魂"就没有了。所以，从来没有十全十美的教学方法，"变化"才永远是教法之"法"。

所以，在学"诗性"时，益民老师就"收"了。读到课堂中他这样表述时，我莞尔，拍手叫好：

师：像这样，王老师根据六个方面——外形、习性、婚恋、声音、生育、进食，各找了一处。"外形"我们已经赏析了，是从修辞方法的角度，剩下的五个方面你们看看可以从哪个角度来赏析。（屏显）

不要小看这个要求。这个要求，向注意力散落在文本中的孩子们发出了"集结令"，指引他们从"树木"重回"森林"。在课堂教学进入到"课腰""课尾"阶段，"系统意识"是非常重要的。不"集结"，课就处于"魂飞魄散"状态，很难为课堂最后的高潮营建奠定基础。

《松树金龟子》属于比较长篇的说明文。益民老师能收敢放，其大局观、整合课堂环节的意识，是很值得学习的。

第四个环节，就是特别想再次表扬这堂课的结尾。

像前边已经说到的一样，这个结课，魅惑很多，张力很大。

两则材料，针锋相对，语言表达与思想传递俱佳。一般老师，很容易被其"挟持"，把最后一个环节搞成辩论环节，追求"轰轰烈烈"的结课效果。

显然，益民老师是淡定的。他决定"戛然而止"，思维的火花刚刚点燃，便停止，便撤退。

这是大智慧，大风度。

不是所有的精彩，都要在课堂上全部呈现。

守住一堂课的主要任务，守住一种文体的关键特质，守住一门学科的核心素养，需要"舍"，需要"弃"。

不舍，怎能得？

不弃，如何扬？

总之，这堂说明文课，本身也是"科学与诗"的很好结合，不仅语文味儿纯正，而且读这堂课，我读出了益民老师在课堂教学中对"简约""守正""机变""扬弃"等哲学思想的诗意追求。这是一位语文特级教师的胸怀,可叹可赞,可敬可佩。

说明文教学空白之处甚多,研究领域广大。愿和益民老师一起,继续探索,共同进步,为建构说明教学的新的知识体系,寻找发现说明文教学更多的规律尽绵薄之力。

(王君,特级教师,清华大学附属中学)

可以这样教《乡愁》

课堂提要：现代诗歌《乡愁》怎么教（学）？其核心教学价值在哪里？"诗无达诂"，任何理性的、纯粹的思想性解读都是错误的，唯有回到诗歌的本体、回到生命的主场才是正道。生命的主场又在哪里？在那一个词、一个韵，甚至于一个标点里。

【课堂实录】

咂摸《乡愁》

时间：2016年3月28日
地点：江苏省南通市通州区育才中学景行楼501报告厅
班级：通州区育才中学八（6）班
活动：全国名师工作室发展报告首发式暨现代诗歌教学名师辩课活动

一、初读——整体感知"乡愁"

师：孩子们，你们是八年级几班？
生：6班。

师：6 班的孩子们你们好。有一句诗，我读给你们听听，看看你听出了哪些信息："一封简体字的来信问我 / 说暮春三月 / 江南草长。"

生：这封信是大陆寄给"我"的。

生："我"的老家在江南。

生：家人盼"我回来"，问"我"：又一年春天来了，你回不回来？

生：可能很长时间没回来了。

生：表达了诗人想回，不能回的痛苦心情。

师：你们说的很对。这位诗人就是台湾著名诗人——余光中。我们一起来学习一首他的诗，这首诗的题目叫？

师：乡愁。我说下作者的主要经历，你们记下日期。1928 年，生于南京。1937 年，9 岁，随母亲逃亡，辗转苏州等地。中学时代在四川度过。1949 年，随父母迁香港。1950 年，赴台，就读于台湾大学外文系。1958 年，母亲在台湾去世。1972 年，创作《乡愁》。离开大陆 22 年了。1992 年，64 岁，42 年后回大陆访问。哪位同学来读一读？噢，有两位同学主动举手了，先请这位男生。（男生读）

师：请这位女生点评下，好吗？

生：他读得特别有感情，把作者那份乡愁充分表达了出来。

师：就没有一点需要提醒的吗？

生：还可以更慢一些，有一些字词要重一些。

师：大家注意了啊，这位女生提了两点建议：一是语速更慢一些；二是关键词要作一些强调。你示范一下？（女生读）

师：好像还不够慢。如果把这首诗歌谱成歌曲，你们说，是慢速、中速，还是快速？

生：慢速。

师：男声唱，还是女声唱？

生：男声。

师：男高音、男中音、男低音？

生：男低音。

师：听王老师读下，看看能不能符合这些要求。（师读）

师：你们手头的资料上有一个字打错了，在第四小节。

生：弯。应该是"湾"。

师：为什么？

生：这里是"海湾"，应该有水部。

师：对的。还有两个字的读音——"这（zhè）头""那（nà）头"，应该读成"这（zhèi，'这一'的合音）头""那（nèi，'那一'的合音）头"。第三小节开始的"后来啊"，这里的"啊"要读成"yā"。来试一试。

生："我在这头，母亲在那头""后来啊"

二、品读——体会不同时期的"乡愁"

1."小时候"

师："乡愁"看得见吗？

生：看不见。

师：这首诗中能看得见吗？

生：能。

师：诗人是如何实现的？

生：化抽象为具体。

师：有哪几个具体的乡愁？

生：邮票、船票、坟墓、海峡。

师：顺序能打乱吗？

生：不能，是按照时间顺序写的："小时候""长大后""后来啊""而现在"。

师：先看第一小节，"小时候/乡愁是一枚小小的邮票"，我说，"乡愁是邮票"，与原文比较下，哪个表达好？

生：我觉得原文好。原文在"邮票"前用了很多修饰语。

师：比如？

生："小小的"。

师：再如？

生："一张"。

师："一张"？

生："一枚"。

师：哪个好？

生："一枚"好。

师：为什么？

生：更能表达诗人的思乡之情。而且，邮票是很小的，"一枚"比"一张"准确。

师：而且第二小节已经有了"一张"。

生：对。

师：我再来改下。"乡愁是一枚小的邮票"行不行？

生：不好。"小小的"是叠词，具有音韵美。

师：说得太好了。你们看看诗歌的每一小节相同位置都有这样一个词。来，读。

生：小小的、窄窄的、矮矮的、浅浅的。

师：你们看看在读音上有什么规律？

生：都是第三声。

师：这有什么好处？

生：押韵。

师：第四声就不押韵了吗？大家自己再读，体会下第三声的好处。

生：都是第三声，变得委婉，曲折了。

师："小小的"，连续两次先降后升、先抑后扬，把诗人那种百转千回、挥之不去的乡愁就给表达出来了。大家再读一读这四个词。（生读）

师：这位女生，王老师还没问完，"乡愁像一枚小小的邮票"行不行？

生：用"像"就是比喻了。

师：用"是"也是比喻哦。比较下"是""像"语气的区别。

生："是"更加肯定。"像"不太肯定。

师：大家读一读，体会下区别。（生读）

师：还是你，改成"一枚小小的邮票是乡愁"行不行？

生：题目是"乡愁"，与题目相一致。

师：主语不能换成邮票？

生：换了后，歌咏的就是邮票，就不是乡愁了。

师：我来简单小结下，诗人为表达抽象的乡愁，选用了四个具体的"意象"，如同马致远的《天净沙·秋思》，有九个意象"藤""树""鸦"等。但为了让意象更丰富，更能表达感情，加上了修饰语"一枚""小小的"等，如"藤"是"枯"的，"树"是"老"的，"鸦"是"昏"的。

师："这头""那头"能不能换成"这里""那里"或者"这边""那边"？

生："这头""那头"空间感更强。

师：你能想象下两头的人正在干什么吗？

生：都在等待。很有画面感。

师：我在这一头寄信——

生：母亲在那一头等信。

师：我在这一头上船——

生：新娘在那一头等船。

师：我在外头想母亲——

生：母亲在里头什么都不知道。

师：我在海峡这一头瞭望——

生：你在那一头动乱。

师：第一小节，我们来读一遍，走——（生读）

师：用邮票这个意向来表达乡愁，余光中在另一首诗歌里也有体现，这首诗叫《乡愁四韵》，大家记下来，课后可以搜索下。给我一片雪花白啊雪花白／信一样的雪花白／家信的等待／是乡愁的等待／给我一片雪花白啊雪花白。这里的乡愁是什么？

生：信。

师：什么样的信？

生：雪花白。

师：用信表达乡愁，我们学过的，有王湾的《次北固山下》，"乡书何处达"——

生："归雁洛阳边"。

师：有杜甫的"烽火连三月"——

生："家书抵万金"。

师：还有杜甫的"亲朋无一字"——

生："老病有孤舟"。

2．"长大后"

师：这是诗人"小时候"的乡愁，"长大后"呢？你来读。（一生读第二小节）你还可以深情一些。（生再读）

师：孩子们，余光中 1956 年，与范我存女士结婚。大家随手记一记相关日期。1958 年，第一次赴美进修。结婚两年了，还称太太为"新娘"，这是为什么？同桌议一议。

生：结婚两年了，又去了美国，感情就淡下来了。

师：淡下来，为什么还称太太为"新娘"？再说，也没淡下来。

生：老师，我认为他们虽然结婚两年了，但他还是像结婚的时候，那么爱他的新娘。

师：你情商很高。诗歌不能完全写实的。余光中的太太范我存是他的远房表妹。结婚快 60 年了，感情很好。当初双方父母都是反对这门亲事的：男方说姑娘身体不太好；女方说小伙子写诗，今后还是穷书生。

师：刚才是哪位同学读的？你再读。（生读）你要读出一种瞭望感。（生再读）第三节齐读下。（生齐读）

3．"后来啊"

师："后来啊"的乡愁是什么？

生：坟墓。

师：这一小节的读哪几个地方要特别注意？

生："矮矮的坟墓""母亲在里头"。

师：请你读一下。（生读）

师：这位同学用颤音表达出了诗人那种无比沉痛的心情。我应该给他掌声。

师：余光中跟他母亲感情是很深的，父亲有点严厉。"娘，/台湾的月饼哪比你做的香？/台湾的月色比家里的凄凉。"母亲去世 38 年后，再写《母难日三则》，我读一段——"今生今世／我最忘情的哭声有两次／一次，在我生命的开始／一次，在你生命的告终／第一次，我不会记得，是听你说的／第二次，你不会晓得，我说也没用／但两次哭声的中间啊／有无穷无尽的笑声／一遍一遍又一遍／回荡了整整三十年／你都晓得，我都记得"。

师：这一小节，有一个关键的词，前面我们提到过。

生："啊"。

师：你来读读。（生读）你读得很动情，无限的感慨、无限的悲伤。你告诉我们：人与人最远的距离，是生与死。一起读一读第三小节。（生读）

4."而现在"

师：诗人曾经打过一个比喻，说"大陆是母亲、台湾是妻子、香港是情人、欧洲是外遇"，这四个地方都是诗人到过的，母亲与后面三者有什么区别？

生：后面没有前面感情深。

师：最重要的，母亲不能选择，妻子、情人、外遇都可以选择。看第四小节，我们来体会下大陆母亲的感情。（生读第四小节）

师："而现在"的乡愁是什么了？

生：海峡。

师：什么样的海峡？

生：一湾浅浅的海峡。

师：海峡很深，为什么说是"浅浅的"？我没有查过资料，但最深处千把米应该有的。大家同桌讨论下。

生：我觉得这里是夸张。

师：缩小夸张？我还不能确定，但"浅浅的"就能表达乡愁？"深深的"才好表达呢！

师：大家学过《迢迢牵牛星》吧？"河汉清且浅"——

生："相去复几许。盈盈一水间，脉脉不得语。"

师：这里的"河汉"是"清且浅"的，但牛郎织女不能相见的原因是什么？

生：王母娘娘的阻挠。

师：这种手法叫"反衬"，大家记一下。

师：这首诗写于1972年，大陆这时候在干什么？

生："文革"。

师：诗人能不能写信？

生：不能。

师：能不能坐轮船探亲？

生：不能。

师：那么我们的诗人站在海峡的"这头"会想些什么？大家交流下，发挥下你们的想象。

生：期盼。

师：期盼什么？

生：祖国统一。

师：诗人不是政治家，没有那么高的政治立场。

生：回家。

师：有诗为证——"当我死时，葬我，在长江与黄河之间/枕我的头颅，白发盖着黑土/在中国，在最母亲的国度/我便坦然睡去，睡整张大陆……"叶落要归根，能实现吗？

生：不能。能实现是乡愁，不能实现是更深的乡愁。况且母亲的灵柩也要回家。

师：同样是台湾诗人的洛夫说："1949年，我们都成了孤儿。"他也曾站在海峡的这头："望远镜中扩大数十倍的乡愁/乱如风中的散发/当距离调整到令人心跳的程度/一座远山迎面飞来/把我撞成了/严重的内伤。"乡愁是整整一代人的记忆，是整整一代人的国殇。

师：第四小节，我们来一遍。（生读）

三、悟读——体会逐步加深的"乡愁"

师：大家看书底下，对乡愁的解释，读——

生："乡愁，深切思念家乡的心情。"

师：对照这个解释，你们发现什么了？

生：第一、二、三小节是对母亲和太太的思念。只有第四小节是对"家乡"的思念。

师：你有一双慧眼。那么前三小节是否就可以删去？你们四人组讨论下，然后给我个理由。

生：前三小节是对母亲、妻子的思念，第四小节是对大陆故乡的思念，由"个人之思"到"家国之痛"。

师：情感是？

生：逐步加深的。

师：大家把这八个字记在书上。

师：余光中说自己"掉头一去是风吹黑发，回首再来已雪满白头"。《乡愁》里有与母亲别离的怅然；有与妻子相隔的思恋；有与母亲阴阳两界的悲恸；最后，所有的滋味呀，如同50年的年份原浆，拂过心灵的伤口，浓香了海峡那头雪满白头的老先生。

师：余光中自己说，前两种乡愁是可以沟通的，有邮票与船票；第三种是无法沟通的，是"死别"；而第四种确是"生离"，并且是无法沟通的"生离"。有一位学生曾经这样改写第四小节："而现在，乡愁是一湾浅浅的海峡，我在炮的这头，你在枪的那头。"人和人之间最远的距离不是生与死，而是我站在海峡的这头，却无法抵达家的那头。

四、结课——"余"音绕梁的"乡愁"

师：这节课就要结束了，孩子们来总结下这节课所学。

生：写抽象的东西可以具体化。

生：乡愁是一杯酒，时间越长，愁越深，酒越香。

生：用修饰语让乡愁更加具体。

师：余光中先生还说过一句话，诗嫁给音乐，就有了诗歌。大家一起来读一下，我再唱一遍《乡愁》，最后我们一起读一遍第四小节，再次感受"余"音绕梁的"乡愁"。

（生深情地读，师动情地唱，在"而现在"中完成交响。下课！）

【教后反思】

"余"音绕梁的"乡愁"

春暖花开的日子,应邀去南通参加了"全国名师工作室发展报告首发式暨现代诗歌教学名师辩课活动",根据组委会的安排,要与几位名师"同题异构"余光中先生的《乡愁》,这是一个挑战。一来很多名师已经演绎过;二来《乡愁》是一首现代诗,内容"一望而知",教学内容该如何确定呢?思忖再三,乃悟,任凭怎样"异构",《乡愁》的核心的教学价值就在那里。"诗无达诂",任何理性的、纯粹的思想性解读都是错误的,唯有回到诗歌的本体、回到生命的主场才是正道。

整节课有四个阶段:整体朗读、品味前三小节、品味第四小节的最深乡愁、齐诵《乡愁》。这样的安排可以说没有任何新意,甚至有些刻板,但课不能看酒瓶,要看里面装的是什么酒。我和孩子们边解边读,45分钟,一起体味了浓浓的"余"音"余"味的"乡愁"。

一、把握基调:读出音律的整饬之美

《乡愁》四个小节,每小节两组四句。"小时候/乡愁是一枚小小的邮票/我在这头/母亲在那头",在结构上呈现出寓变化于统一的美。节与节之间相当均衡对称,但是,诗人注意了长句与短句的变化调节,从而使诗的外形整齐中有参差之美。前两句一短一长,后两句近乎对仗。还采用了《诗经》中的复沓手法,营造出一种回环往复、一唱三叹的旋律,氤氲中有挥之不去的思念,呈现出了《乡愁》的音乐美。有关资料呈现,后期《乡愁》的谱曲有十几种之多。

为把握基调,读出诗歌的整饬之美,课堂是这样展开的:

师:哪位同学来读一读?噢,有两位同学主动举手了,先请这位男生。

(男生读)

师：这位女生点评下，好吗？

生：他读得特别有感情，把作者那份乡愁充分表达了出来。

师：就没有一点需要提醒的吗？

生：还可以更慢一些，有一些字词要重一些。

师：大家注意了啊，这位女生提了两点建议：一是语速更慢一些；二是关键词要作一些强调。你示范一下？（女生读）

这里的用意有二：一是为把握学情，看看孩子们对于《乡愁》的朗读处在怎样的"现有发展区"，二是引导孩子们把握准朗读的基本要领。应该说，两个用意都实现了。为了让孩子们更清楚记得朗读首先要确立情感基调，有了下面的对话：

师：好像还不够慢。如果把这首诗歌谱成歌曲，你们说，是慢速、中速，还是快速？

生：慢速。

师：男声唱，还是女声唱？

生：男声。

师：男高音、男中音、男低音？

生：男低音。

师：听王老师读下，看看能不能符合这些要求。（师读）

这个类比除确立基调外，还有一个作用，就是为最后老师演唱佟铁鑫版的《乡愁》埋下伏笔，也让孩子们记忆更加深刻，懂得"诗歌是诗嫁给音乐后产生的"。叶圣陶先生说："语调的差别，不外乎高低、强弱、缓急三类。""吟诵一篇文章，无非依据对于文章的了解与体会，错综地使用这三类语调而已。"所以诵读是读者置身于作者地位用自己的口代作者说话，应用声音语调传达作者的思想感情，发挥读物的感染教育作用。

值得注意的是，很多公开课，在确立基调的时候，都说是"凝重""愁苦""苦闷"等，其实，于《乡愁》而言，四小节在"愁"的基础上是略有变化的：最初，是与母亲别离的怅然；接着，是与妻子相隔的思恋；后来，是阴阳两界的悲恸；最后是海峡相阻的无奈与茫然。这些细微变化的掌握是学生的"目标发展区"，也是本节课朗读教学的重点。且看——

二、穿插经历：读出情感的变化之美

余光中生命历程中的乡愁印记都是因为那一次别离，但有的，还能重逢（"小时候""长大后"）；最痛的乡愁是别离后不再相见（"后来啊"）；最最痛的乡愁是活着，却不能相见，抑或不知道何日相见（"而现在"，1972年）。这大概是余光中创作《乡愁》的动因吧。

那年，月光下，他只用了20分钟，把沉睡了20年的最最痛的乡愁告诉了全世界，但他的母亲已经听不见，他的大陆也听不见。1992年，又是一个20年，"母亲"接回了"雪满白头"的"孤儿"。

《乡愁》虽是急就章，却是郁积已久的情感的一次喷发，读《乡愁》，不了解"小时候""长大后""后来啊""而现在"的余光中的情感历程，是无法完成真切体验的。或"凝重"、或"愁苦"、或"苦闷"地平铺直叙下去，是有违诗人近50年复杂的"乡愁"的。要读出情感的变化，"知人论世"成了必然的选择。

本节课有四次关于余光中生平的资料穿插，第一次是一开始关于余光中的简历：

1928年，生于南京。1937年，9岁，随母亲逃亡，辗转苏州等地。中学时代在四川度过。1949年，随父母迁香港。1950年，赴台，就读于台湾大学外文系。1958年，母亲在台湾去世。

这一次，主要让孩子们理解余光中与母亲在那个特殊时代的"分分离离"，"小小的邮票"寄托了一个孩子对于母亲的思念，这种"乡愁"具有一定的普遍性。读这一节的时候，要有家史感，还要读出沧桑后的那份淡定。

第二次是在赏析"新娘"这一小节时：

师：孩子们，余光中1956年，与范我存女士结婚。大家随手记一记相关日期。1958年，第一次赴美进修。结婚两年了，还称太太为"新娘"，这是为什么？同桌议一议。

……

生：老师，我认为他们虽然结婚两年了，但他还是像结婚的时候，那么爱他的新娘。

针对第三小节的情感把握，不再是出示"简历"，而是用诗人写给母亲的几句诗来"互文"。

师：余光中跟他母亲感情是很深的，父亲有点严厉。"娘，/台湾的月饼哪比你做的香？/台湾的月色比家里的凄凉。"母亲去世38年后，再写《母难日三则》，我读一段——"今生今世/我最忘情的哭声有两次/一次，在我生命的开始/一次，在你生命的告终/第一次，我不会记得，是听你说的/第二次，你不会晓得，我说也没用/但两次哭声的中间啊/有无穷无尽的笑声/一遍一遍又一遍/回荡了整整三十年/你都晓得，我都记得"。

第四次情感最不易把握，也是全诗的关键，"小时候""长大后"的乡愁是可以沟通的，"邮票""船票"便是媒介。但"后来啊"是生与死的距离，不能沟通的。但这还不是最无奈的，最无奈的是"浅浅的"海峡阻遏了整整一代亲人几十年的相聚。这次的知人论世是这样展开的：

师：有诗为证——"当我死时，葬我，在长江与黄河之间/枕我的头颅，白发盖着黑土/在中国，在最母亲的国度/我便坦然睡去，睡整张大陆……"叶落要归根，能实现吗？

生：不能。能实现是乡愁，不能实现是更深的乡愁。况且母亲的灵柩也要回家。

师：同样是台湾诗人的洛夫说："1949年，我们都成了孤儿。"他也曾站在海峡的这头："望远镜中扩大数十倍的乡愁/乱如风中的散发/当距离调整到令人心跳的程度/一座远山迎面飞来/把我撞成了/严重的内伤。"乡愁是整整一代人的记忆，是整整一代人的国殇。

有些课的朗读指导是想当然的，这与文本解读的深浅直接关联，而孩子们的学习，尤其是初中孩子们的学习主要靠感性，必要的资料穿插能够让感性稍稍有点理性的基础。但穿插只是一种课堂的"凭借"，真正要理解余光中的"乡愁"，还得走进文字里。

三、品味语言：读出意象的低徊之美

重音、停顿、速度和语调等声音技巧不是超然于读物之外的技巧，它的运用受制于读物的思想感情，是由读物的思想内容所决定的。而"诗歌

代表着一个民族最精细的感受与智慧"（艾略特语），诗歌是思想的精魂，诗歌的语言具有内在的节奏与旋律，还有散文化和陌生化倾向，其语法的变构也是趣味无穷的。海德格尔说："诗的活动领域是语言。因此，诗的本质必得从语言之本质那里获得解释。""诗从来不是把语言当作一种现成的材料来接受，相反，是诗本身才使语言成为可能。诗乃是一个历史性民族的原语言（ursprache）。"诗歌之"意"是远远大于"言"的，这就为"品读"留下了足够的空间。因此，体味语言，方能把握诗人的情感，朗读才能落在实处。

师：有一句诗，我读给你们听听，看看你听出了哪些信息："一封简体字的来信问我/说暮春三月/江南草长。"

课是在诗歌语言的品析中展开序幕的，"简体字""问我""暮春三月，江南草长"隐藏着余光中生平的信息，这种导入，为整节课的学习方法定下基调，也避免了直接展示人物生平的单调。接着，是依次对四小节进行品味。

来看一个镜头：

师：我再来改下。"乡愁是一枚小的邮票"行不行？

生：不好。"小小的"是叠词，具有音韵美。

师：说得太好了。你们看看诗歌的每一小节相同位置都有这样一个词。来，读。

生：小小的、窄窄的、矮矮的、浅浅的。

师：你们看看在读音上有什么规律？

生：都是第三声。

师：这有什么好处？

生：押韵。

师：第四声就不押韵了吗？大家自己再读，体会下第三声的好处。

生：都是第三声，变得委婉，曲折了。

师："小小的"，连续两次先降后升、先抑后扬，把诗人那种百转千回、挥之不去的乡愁就给表达出来了。大家再读一读这四个词。（生读）

第二小节重点体会"新娘"，第三小节品读"后来啊"的"啊"，第四小节理解"浅浅的",一节一个关键点。诗歌的魅力往往就是语言的魅力。古人讲"眼见佳句分外明",读诗,就是要唤起学生的这种敏感,并把他们的关注力集中到诗的语言本身。通过"换、调、增、删"等多种方式,引导学生通过诵读与分析的结合,反复推敲字词,揣摩语言妙处。传统的语文教学侧重于文章的文气的整体把握——"歌而吟之,神气出矣"(刘大櫆,《论文偶记》),侧重于对文义的直觉体悟——"书读百遍,其义自见",这反映了朴素的整体观和直觉体悟的思维方式,但没有"分析"作为中介,不能全面地把握各个侧面、部分、层次之间的联系,因而总体认识必然是模糊、残缺和肤浅的。

"诗歌即形式,是由文字和音乐性等多种因素构成的……诗歌之光照亮突然醒来的人。"有人说,余光中是语言的魔术师,一字一乾坤,着一字,灵魂就苏醒过来,情感就荡漾开来,看似轻描淡写的一笔,却隐藏着低回曲折的情感至美。

四、发挥想象:读出空间的旷远之美

《乡愁》四小节,八十八个字,而所写"乡愁"却跨越了50年的历史变迁,跨越了千山万水,跨越了整整一代人。朗读不能加以想象,诗歌的空旷之美就消矢了。"吟诵的时候,对于讨究所得不仅理智地了解,而且亲切地体会,不知不觉间,内容和理解化为读者自己的东西了,这是最可贵的一种境界,才会终身受用不尽。"

师:"这头""那头"能不能换成"这里""那里"或者"这边""那边"?

生:"这头""那头"空间感更强。

师:你能想象下两头的人正在干什么吗?

生:都在等待。很有画面感。

师:我在这一头寄信——

生:母亲在那一头等信。

师:我在这一头上船——

生:新娘在那一头等船。

师：我在外头想母亲——

生：母亲在里头什么都不知道。

师：我在海峡这一头瞭望——

生：你在那一头动乱。

这样一分析、一想象，"我在这头，新娘在那头"等四处的朗读就有了依靠，有了情感处理的自觉。通过想象唤起学生的生活经验，启发他们在头脑中构成言语内容的感性形象，从而自觉地凭借语感进入到"口诵心惟"的理想境界。再来看看第四小节的朗读指导。

师：这首诗写于1972年，大陆这时候在干什么？

生："文革"。

师：诗人能不能写信？

生：不能。

师：能不能坐轮船探亲？

生：不能。

师：那么我们的诗人站在海峡的"这头"会想些什么？大家交流下，发挥下你们的想象。

生：期盼。

师：期盼什么？

生：祖国统一。

师：诗人不是政治家，没有那么高的政治立场。

生：回家。

江苏省语文特级教师刘恩樵现场评语说：（整节课）你与小朋友们一起"煨"余光中"乡愁"的滋味。是的，我是用朗读在和孩子们一起"煨"乡愁的滋味。最初，是与母亲别离的怅然；接着，是与妻子相隔的思恋；"后来啊"，是阴阳两界的悲恸；最后，所有的滋味呀，50年的年份原浆，拂过心灵的伤口，浓香了海峡那头雪满白头的老先生。飘过世纪的风，吹进课堂，在孩子们的心上渐浓渐醇地弥散。

【现场感受】

与孩子们一起煨出乡愁的滋味

我来到南通,要与王益民老师"同题异构"《乡愁》,还没轮到我,便来到王老师的课堂上"偷艺"。王益民老师曾在他的课后反思里说:"诗无达诂,任何理性的、纯粹的思想性解读都是错误的,唯有回到诗歌的本体、回到生命的主场才是正道。"王老师如此这般煨出乡愁的滋味,正是源于他对《乡愁》一诗教学内容的精准确定。这首诗看似简单,却有深刻的内涵、丰富的情感、精准妥贴的语言。对于这些,仅靠学生的个人经验,是很难深入体会的,有时甚至意识不到。王老师的这节课就是按照教学内容的有效实现这一用意,来选择、调配教学方法的。

一、导向明确的教学起点

一节课的时间有限,如何在限定的时间里完成教学内容的学习?这有赖于老师精心的设计。

说说开课的轻巧。

师:孩子们,你们是八年级几班?

生:6班。

师:6班的孩子们你们好。有一句诗,我读给你们听听,看看你听出了哪些信息:"一封简体字的来信问我/说暮春三月/江南草长。"

生:这封信是大陆寄给"我"的。

生:"我"的老家在江南。

生:家人盼"我回来",问"我":又一年春天来了,你回不回来?

生:可能很长时间没回来了。

生:表达了诗人想回,不能回的痛苦心情。

入课很简单,但指向非常明确。没有用生涩的"意象"一说,而是让孩子们捕捉"信息"。学生们很快借着意象"简体字""暮春三月""江南"获取了"这封信寄自大陆""我的老家在江南""家人在春天里盼我回来"等信息，老师只需轻巧一拢，自然地引出了作者余光中。更妙的是，老师为后面的阅读诗歌的学法作了铺垫——关注意象，看似不动声色，实则匠心独运。

美国教育心理学家奥苏伯尔说过："影响学生学习心智的唯一重要的因素，就是学习者已经知道了什么，要探明这一点，并应据此教学。"一节课，起点过低，学生没有探究兴趣；起点过高，又会让学生望而却步。而王老师这节课的教学起点，是建立在课前对学生发展现状的分析和发展可能的预测之上的。所选诗歌简短，符合学生"最近发展区"的需求，这看似自然的开课，却蕴含着老师对学情的准确把握，对教学内容的准确导向。

二、具体可行的诵读指导

据文学界研究，诗歌有适合流利朗读的"歌"与专供视觉阅读的"诗"，《乡愁》一诗音韵和谐，节奏分明，是特别适合朗诵的。王老师在指导诵读方面尤为称道。

"整体感知"的读，重在细微的正音指导："这（zhè）头""那（nà）头"，应该读成"这（zhèi，'这一'的合音）头""那（nèi，'那一'的合音）头"。"后来啊"的"啊"要读成"yā"。这些音韵规律，正是我们忽略的。

纠正个别学生朗读，重在语速的琢磨："如果把这首歌谱成歌曲，你们说，是慢速、中速，还是快速？""男声唱，还是女生唱？""男高音、男中音、男低音？"这些问题直指朗读的感觉。有时过于明确的朗读要求会束缚或者破坏对诗歌意境的把握，而王老师把诵读与歌曲的演唱联系在一起，就是与学生熟悉的生活体验联系在了一起。

"品读"则要求品出情感，读出韵味：当学生理解了第二节诗人与妻子相隔的思恋后，王老师指点，要读出一种人在两地的"瞭望"感；学生朗读了第三小节，王老师敏锐地发现这个孩子用颤音表达出诗人那种无比沉痛的心情后，及时给予了点评肯定，就是在指导学生如何用声音去传达悲恸情感的技巧。

结课环节，师唱生读，汇成一曲"乡愁"的交响，余音绕梁。

一节课上，书声琅琅，诵读的点拨当中，《乡愁》的滋味悄然溢出。方块字承载的各种情愫在孩子们声音的抑扬顿挫间氤氲。

三、紧扣落点的层层追问

教学落点是指在一个具体教学活动中学生实际所学的东西。紧扣落点层层追问是王老师这节课的又一亮点。他总能敏锐地把握住学生的思维漏洞和表达模糊处，并采用步步紧逼的追问一点点调细学生的感觉。

第一小节的学习中，老师用了这样一组问题："乡愁是邮票"行不行？"乡愁是一枚小的邮票"行不行？"乡愁像一枚小小的邮票"行不行？"一枚小小的邮票是乡愁"行不行？

这一连串的追问，直抵语言的深处，让学生细细咀嚼：意象前的修饰语的表达作用，量词的准确选用，叠词的表达效果，句子内部词语的排列顺序，"像"和"是"的区别，意象和比喻的区别，表达主体的选用。

臧克家说："精炼就是使语言表现诗人的思想感情到了恰到好处的地步。多一节就太多，少一节就太少；多一句不成，少一句不成；多一个字不好，减一个字也不好。最后达到，调换一个字都会使诗句减色的地步。"《乡愁》的语言表达正是如此精炼，可如果没有老师的层层追问，而只是让学生在诵读比较中去细细体会，则无法达成对这首诗歌语言运用精妙的学习。这样一追问，学生们学到了什么呢？修饰语与中心语的统一，量词叠词使用的效果，句序排列的讲究。这样的一组追问既体现了王老师本人对诗歌语言的精细解读，还体现了老师对学生学情的精准把握。如此一追，追出了学生理解的细腻、丰厚，追出了语用的新境界。

四、互文解读的情感触发

"互文"本是古汉语的一种特殊修辞，指意思相对或相关的文句里前后两句词语互相呼应、交错、渗透、补充，使文句更加整齐、精炼的修辞手法。而在阅读教学中，是指把主题想通、作者相同、情感相融、文体相似的两个文本进行组合，让学生在文本的勾连、比照、辨析中实现阅读教学价值的最大化。

这首诗歌出现四个不同的意象,王老师选用了互文的做法,以其他诗文为佐料,和学生一起煨出乡愁的滋味。

第一小节,理解"意象"的概念,老师以学生熟悉的《天净沙·秋思》为佐料,让学生理解这首诗歌里"藤""树""鸦"等九个意象前的"枯""老""昏"等修饰语。当学生找出"邮票"这个意象,老师又以余光中的另一首诗《乡愁四韵》、王湾的《次北固山下》为佐料,让学生明白"信"是表达乡愁的常用意象。

第三小节,理解诗人悲恸的内心感受,老师佐以作者所写的《母难日三则》,以弥补学生生活经验的不足,帮助学生拓深了理解。

第四小节,理解"浅浅的"的海峡,老师佐以《迢迢牵牛星》里的诗句"河汉清且浅",借学生熟悉的理解"反衬"的手法;又佐以余光中的《当我死时》的诗以及台湾诗人洛夫的《边界望乡》来理解"乡愁是整整一代人的记忆,是整整一代人的国殇",来煨出乡愁的味道。

诗歌的"意"是远远大于"言"的。面对这样一首看似简单的诗歌,为避免学生对情感的平面化、概念化理解,是需要老师在教法上作一些思考的,而王老师这种"互文解读"的方式,就恰好起到了这样的作用。或许,一节课上,引入的诗句学生还不能完全消化理解,但我相信孩子们一定在这些诗的陶染之下,充分感受了诗歌的意象美、情感美。

45分钟一节课,王老师辅以佐料,运用诵读、追问等方式,与孩子们一起煨出了乡愁的滋味。王荣生教授说:一堂好的语文课,主要标志就是教学内容正确并采用与之适应的教法使学生有效地获取相应的经验。王老师的这节课按照教学内容的有效实现来选择、调配教学方法,给了我们一线教师很好的启发。

"偷艺",就这样,恍然大悟。

(张永娟,陕西省宝鸡市第一中学)

【专家点评】

款款地浸入诗境，细细地咂摸情韵

在我们所能接触的文学样式中，诗歌是最需要慢慢品味的。王老师执教台湾诗人余光中的《乡愁》，就带着学生款款地浸入诗境，细细地咂摸情韵，让学生感悟诗歌的独特，领略诗韵的魅力，接受诗意的熏染。

一、乐此不疲，咂摸语言的滋味绵长

诗歌怎样欣赏，诗韵怎么感悟？基本的路径还是从语言入手：语言绘出意象，意向传达情感。王老师很欣赏海德格尔说的"语言是存在的家园"这句话，认为文本的语言是作者生命的存在。他很赞同一些学者指出的中学语文教学最大的弱点，即往往是读懂了文字，却没有读懂作者在特殊语境中的心灵。所以教学中，他乐此不疲的就是带着孩子、引着孩子去咂摸语言的滋味绵长。

在和学生品析第一小节时，王老师为了让孩子们充分领略诗歌语言的魅力，安排了一系列的环节："乡愁是邮票"与原文"乡愁是一枚小小的邮票"，哪个好？让学生体会修饰语的作用。"一张"与"一枚"哪个好？让学生体会语言的准确和情感的委婉。将原句改为"乡愁是一枚小的邮票"，行不行？让学生体会叠音词的音韵美。诗中几个叠词都是第三声，仅仅是为了押韵吗？让学生体会叠音词连续两次先降后升、先抑后扬，传达出诗人那种百转千回、挥之不去的乡愁。"乡愁是一枚小小的邮票"的"是"改为"像"行不行？让学生体会同是比喻句，用"是"比用"像"语气更加肯定。"乡愁是一枚小小的邮票"改成"一枚小小的邮票是乡愁"行不行？让学生体会诗歌的咏诵主体是"乡愁"，而不是邮票之类，且与作品标题相呼应。"这头""那头"能不能换成"这里""那里"或者"这边""那边"？让学生体会作品很强的空间感，以及两头两个人都在等待那种形象的画面感……王老

师引导学生去删减字词、替换词语、调整语序,去体悟诗歌语言的韵味,去感悟诗人所创造的意境,去读懂作者在特殊语境中的心灵,这是诗歌教学的正道,给学生的是真真切切的诗意熏染。

语文教学要强化文体意识,学生读不同文体的文章,在不断接受母语滋润的同时,必须在心中竖起"文体树",诗歌教学就是要让学生对诗歌这种题材有较强烈的感知,熟悉诗歌、喜欢诗歌,进而能创作诗歌。当然,这种文体感知,还是要从语言入手,要引导学生感受诗歌语言的特点,领略诗味。王老师是深悟此道的,所以他在引导学生咀嚼诗歌语言时,路径多、方法多,自然容易激起学生的情感共鸣。

二、循序渐进,拾阶而上走进诗境

作为老师,需要巧妙地安排好教学的板块,调节好教学的节奏,注意讲究教学的详略,引导学生拾级而上,渐入佳境。就整堂课而言,教者安排了四个板块:初读——整体感知"乡愁";品读——体会不同时期的"乡愁";悟读——体会逐步加深的"乡愁";结课——"余"音绕梁的"乡愁"。这一安排,符合学生认知的规律,也与人们阅读诗歌、悟觉诗意的一般路径相吻合。从整体感知到细细品读再到情感体悟,学生对"乡愁"的理解和共鸣就由粗放而细腻,由浅层而深刻,由感知而感悟,慢慢地触摸到诗脉,靠近了作者,走进了诗歌深处。而整堂课又因这样一种板块安排而层次清晰,结构有序,逐层推进,课堂教学井然有序。教师教,教路清晰;学生学,学路有致。这是课堂教学最应该达到的境界。而作为教学重点的第二板块,王老师又根据作品的自然顺序,安排了"小时候""长大后""后来啊""而现在"四个小板块,其中第一板块详教,其实也是为后面学生的学放样子,后面三个板块略教,给学生更多的自由发挥的空间,让学生充分领略了诗人所要抒发的乡愁。这样,课堂教学着眼于学生对作品理解的顺序,让学生有序有致地学,其教学效果自然是很好的。

联系到我们常态的语文教学,王老师的课是很值得推崇的:他没有哗众取宠,而是平平实实;他没有顾此失彼,而是全面兼顾;他没有平铺直叙,而是有张有弛;他没前松后紧或详略失当,而是行于当行止于当止……这是生态的语文教学，也是我们最该推广的语文教学范式。也许有人会说这堂课没有让人耳目一新或心为所动，而其实没有精彩是最大的精彩，处处熨帖是最佳的精妙。

三、知人论世，打开诗歌情感之门

"文章合为时而著，歌诗合为事而作。"阅读和理解诗歌作品，必须知人论诗、知时论诗。因此，为了帮助学生理解作品，诗歌教学必须恰当地进行背景和作者的介绍。关键是这种介绍必须根据教学的需要，顺其自然，恰到好处。王老师在教学伊始就这样介绍作者的生平："1928年，生于南京。1937年，9岁，随母亲逃亡，辗转苏州等地。中学时代在四川度过。1949年，随父母迁香港。1950年，赴台，就读于台湾大学外文系。1958年，母亲在台湾去世。1972年，创作《乡愁》。离开大陆22年了。1992年，64岁，42年后回大陆访问。"这种介绍，很简洁，也很别致，不拖泥带水，没一句废话。但所涉及的时间和活动经历都与诗歌中的意象密切关联，抑或说，了解了这一时间流程，就掌握了打开诗歌情感之门的钥匙。所以这一介绍非常必要，也必须在教学开始时介绍，这有助于学生对作品的理解。如果故弄玄虚地在教学后期介绍，那就会增加学生理解作品的难度。

为了帮助学生理解乡愁、母爱、对大陆的思念，教学过程中，王老师及时地补充一些课外材料，拓展学生的视野，深化对作品题旨的理解。比如抒发对母亲的感情时，补充了两首写母爱的诗："娘，/台湾的月饼哪比你做的香？/台湾的月色比家里的凄凉。""今生今世/我最忘情的哭声有两次/一次，在我生命的开始，/一次，在你生命的告终/第一次，我不会记得，是听你说的/第二次，你不会晓得，我说也没用/但两次哭声的中间啊/有无穷无尽的笑声/一遍一遍又一遍/回荡了整整三十年/你都晓得，我都记得"。这一补充，让学生深切感受到诗人的母爱之情是长久积淀的，是一以贯之的，是深刻强烈的，就更容易走进作品，贴近诗心。

在与学生体悟"乡愁是一湾浅浅的海峡"时，王老师及时补充古诗《迢迢牵牛星》的诗句和台湾另一位诗人洛夫的几行诗，帮助学生准确理解诗人所要表达的心迹，既不模糊，又不拔高，恰到好处。

四、处处语文，题外话里有诗情画意

都说语文是打基础的学科，语文教学要充分兼顾其工具性。到了课堂上，如何将这种工具性落到实处，见的是语文老师的功底。王老师非常注重学生语文素养的培养，但又不是刻意地去强调，去突出，而是顺机随和，在和学生亲切的对话中，在教学环节的自然流淌中，让学生获得语文知识，增益语文技能。如第四小节的教学，老师提醒学生：你们手头的资料上有一个字打错了。学生很快领悟："弯"应该是"湾"，这里是"海湾"，应该有水部。老师又提醒：还有两个字的读音，"这（zhè）头""那（nà）头"，应该读成"这（zhèi，'这一'的合音）头""那（nèi，'那一'的合音）头"。第三小节开始"后来啊"，这里的"啊"要读成"yā"。这些，都是在教学的过程中正好碰到的小细节，学生不注意就会读错写错。老师稍作指点，学生就会留下深刻印象，就不会误读错写。这样教学，自然得很，又实实在在，富有实效。

课堂教学开始时，王老师的设计更是匠心独运，指向学生语文基本功的夯实："有一句诗，我读给你们听听，看看你听出了哪些信息：'一封简体字的来信问我／说暮春三月／江南草长。'"这一设计巧妙入题，学生很灵悟地获得这样一些信息：是简体字，所以这封信是大陆寄给"我"的；有"江南草长"句，说明"我"的老家在江南；"暮春三月"，家人来信，说明又到一年春天，家人盼"我回来"；而两地相隔，表达了诗人想回不能回的痛苦心情。学生从一封信中获得如此多的信息，足现其老师对学生基本功培养的重视，以及非常讲究教学设计和方法的匠心。

当然，语文的工具性不仅仅局限在语言本身，因为语文本是一门综合性很强的学科。所以对语文工具的理解必须敞开大门，延展进相邻、相关的学科。这种延展，会打通孩子们感悟的通道，会让孩子在"共鸣箱"中更全面地感悟作品。教学中，王老师有这样两个环节的设计：

一是教学开始，同学们读了作品之后，王老师提出这样的要求："如果把这首歌谱成歌曲，你们说，是慢速、中速，还是快速？"（生：慢速。）"男声唱，还是女声唱？"（生：男声。）"男高音、男中音、男低音？"（生：

男低音。)这是让孩子们打通诗歌和音乐的通道去欣赏作品。

二是课堂教学结束时,王老师这样设计:"余光中先生还说过一句话,诗嫁给音乐,就有了诗歌。大家一起来读一下,我再唱一遍《乡愁》,最后我们一起读一遍第四小节,再次感受'余'音绕梁的'乡愁'。"这时,学生深情地读,老师动情地唱,在"而现在"中完成交响。

我们不能简单地理解为教师在此处展示自己的才华,老师再一次提醒学生诗歌和音乐的完美结合,启示孩子们艺术素养之于语文学习的重要意义。不能想象,当孩子们以多元智能的打开来学习,那将会取得怎样的效果。

五、学生主体,于细节处听惊雷

无论从哪个角度讲,这是一堂设计自然、流程顺畅、要素集聚、相对完美的课,就学生的语文学习而言,有效高效。但这堂课最大的亮点还不是上面所述,而是教师充分确立了学生课堂上的主体地位。这种确立,体现在三个方面。

一是教学设计基于学生的学。王老师有自己的基本语文观——语文课要"贴着学生飞"。所谓"贴着学生飞"是一种诗意的表达,用王老师的话说即:课堂问题的预设、教学方法等课堂要素要合乎学生的思维特点,离学生近一点、近一点、再近一点,坚守语文课的"学生立场",瞄准学生的"最近发展区",把问题带进课堂,创设在学生"最近发展区"内的问题情境,并通过设置悬念,激发学生渴求解答的欲望,从而充分调动学生学习的积极性,激发学生学习的兴趣,提升其语文素养。我们看王老师教《乡愁》,与学生的对话那么的贴近、自然,学生的学习状态那样的好,学习的情绪那样的高涨,体现出他的语文课真正是"贴着学生飞"的。

二是课堂让学生充分地学。学生在课堂上能否充分地学,主要看他的学习器官有没有充分打开,他们有没有真正进入语文学习特定的"场域"。而这,跟老师的课堂地位、课堂推进有直接的关系。王老师执教《乡愁》,整堂课,都是让学生在学,初读、品读、悟读,必要时让学生想一想、议一议、合作讨论,获得对作品的真切感悟。在他的课堂上,经常要求学生"同桌议一议",也是在努力优化着学生的学习方式。

三是让学生自己对学习情况进行评价，在评价中完善和提升自己。这一点尤其难能可贵。课堂教学改革，确立学生学习的主体地位，最难的就是让学生在自我思考与评价中得到长进。或许是老师过分相信自己，或许是对学生的学习能力存在疑惑，一般的老师总是不舍得把学习评价的权利还给学生，总以自己的看法为评价的标准。王老师就不这样。学生朗读，他让同学评价，并提出优化意见；学生发言，他让同伴评价，并进行必要的补充和调整；作品重点难点的理解，他让学生思考发言，自己作适当的引导，然后让学生去完善……所有这些，表现出一位有着"生本立场"的老师，他的学生主体意识，他的学生主人立场，他的让学生真正地学的行为。

　　五个方面，自然未能说尽王老师这节课的妙处，但款款地浸入诗境，细细地咂摸情韵，相信在场的几百位语文人和我一样真切地触摸到了。

（郭志明，特级教师，江苏省南通市通州区教育局）

可以这样教《事物的正确答案不止一个》

课堂提要：议论文《事物的正确答案不止一个》怎么教（学）？"利用课文"设计课堂教学中丰富的学生实践活动，让学生在课文朗读、语言学用、分析品析、文学欣赏、读中学写、辨析能力、想象能力、论说推理能力等诸多方面能够得到规范的有力度的训练。

【课堂实录】

《事物的正确答案不止一个》的逻辑

时间：2015 年 10 月 22 日
地点：重庆市长寿区石堰中学
班级：长寿区石堰中学七年级某班
活动：重庆市"领雁工程"专家送课进校园活动

一、课前谈话

师：大家知道什么是议论文吗？

生：就是讲道理的文章。

生：表达自己的见解和主张的文章。

师：你们还了解哪些议论文知识？

生：议论文三要素：论点、论据、论证。

生：论据有事实论据、道理论据。

生：论证方法有事实论证、道理论证、比喻论证、对比论证。

师：你们怎么知道这么多？

生：我们老师让我们背的。

二、提出问题

师：这是课文开始时出现的一个图形，我们也来试一下，找出一个性质与其他三个不同的来，对着图形说。

问题：从下列四种图形中，找出一个性质与其他三个不同的来。

生：选任何一个都有道理。

师：具体说一说。

生：A 是唯一没有角的图形；B 是唯一一个仅由直线构成的图形；C 是唯一一个非对称性图形；D 是唯一一个由直线与曲线构成的图形。

师：作者想告诉我们什么？

生：事物的正确答案不止一个。

师：请一位同学来读第 3 段。（一生读）这一段有一句结论性的话。

生："因此，不满足于一个答案，不放弃探求，这一点非常重要。"

师：这是前三段的一个结论。这个论点的提出是从这个图形开始的，有什么好处？

生：有趣，也很通俗。

师：是的。这三段提出了一个问题：事物的正确答案不止一个。要我们不满足于一个答案,不放弃探求。(板书:提出问题。)

师:但是,让王老师疑惑的是,这里提出的"事物的正确答案不止一个"这个话题是不是全文的"中心论点"呢?大家讨论下。

生:是中心论点,题目就是这个。

师:还有别的意见吗?

生:我发现,这三段说了"事物的正确答案不止一个"以后,后面的内容就没再提起了,所以,我怀疑这不是中心论点。

师:那么中心论点是什么呢?(生思索)好了。我们继续朝后看,看看能不能解决我们的疑惑。

三、分析问题

师:"提出问题"之后,接下来就要"分析问题",文章先分析了第一个问题。我们来看第4段。(屏显)

然而,寻求第二种答案,或是解决问题的其他路径和新的方法,有赖于创造性的思维。那么,创造性思维的又有哪些必需的要素呢?

师:这一段有什么作用?大家同桌讨论下。(生讨论)

生:承上启下。"那么,创造性的思维又有哪些必需的要素呢?"这是个设问句,下面将探讨"必需的要素"。

师:这是"启下",如何"承上"的呢?

生:"然而"表示转折,新路径、新方法"有赖于创造性的思维"。

师:这样就过渡到了"创造性思维必需的要素"(板书)这个新论题上来了。请一位同学读一下第5—8段。注意,看看作者认为创造性的思维必需的要素是哪几个,随时批注哦。(生读)

师:大家思考下,创造性思维必需的要素是哪些?在第6段有交代。(屏显)

我对此完全赞同。知识是形成新创意的素材。但这并不是说,光凭知识就能拥有创造性。发挥创造力的真正关键,在于如何运用知识。创造性的思维,必须有探求新事物,并为此而活用知识的态度和意识,在此基础上,持之以恒地进行各种尝试。

生：我发现了，三个要素：一是知识；二是运用知识；三是持之以恒地进行各种尝试。

师：为了证明这是"三个要素"，作者举了两个例子，一个是？（生答"约翰·古登贝尔克的"）一个是？（生答"罗兰·布歇内尔的"）有人说，这两个例子只要一个就行了，你们的看法呢？

生：的确，两个例子有点重复了，都是讲创造性思维三个要素的"知识的运用"。

师：删掉一个？

生：可以。

师：除了删掉，还有别的处理办法吗？

生：删掉第二个，再补充一个关于"持之以恒"的例子。

师：为什么呢？

生：举例子要多角度。

师：你太聪明了。我来看看你们具不具备创造性思维的三个要素。一个桌面四个角，锯掉一个角，还有几个角？

生：三个。

师：三个？

生：四个/五个。

（屏显）

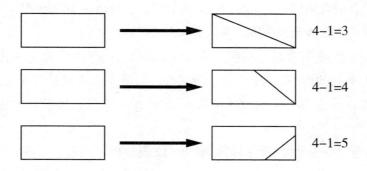

师：接下来，我们看这段。（屏显）有什么作用？

不过，这种创造性的思维是否任何人都具备呢？是否存在富有创造力和缺乏创造力的区别呢？

生：这里又是一个设问句，转入第二个论题。

师：是的。刚才论述了创造性思维的三个要素，这里提出了新问题。第10—12段，我们来齐读下。

（生齐读。）

师：刚才是通过约翰·古登贝尔克和罗兰·布歇内尔的例子论证三个要素的，这三段论证方法上有什么不同？大家思考下，然后跟同桌交流。

（生交流。）

生：这里是对比，富于创造力的人和缺乏创造力的人的对比。"我不具备创造力"的人当中，有的觉得创造力仅仅是贝多芬、爱因斯坦以及莎士比亚他们的，从而进行自我压制。富于创造力的人关注极其普通甚至一闪念的想法，并对它反复推敲，逐渐充实。

师：你的发现很敏锐。第12段有结论。我们再来读一下这一段。（屏显）结论是哪一句？

由此看来，区分一个人是否拥有创造力，主要根据之一是，拥有创造力的人留意自己细小的想法。即使他们不知道将来会产生怎样的结果，但他们很清楚，小的创意会打开大的突破口，并坚信自己一定能使之变为现实。

生："拥有创造力的人留意自己细小的想法"，并"坚信自己一定能使之变为现实"。

师：我们再来试一下，看看你会不会"留意自己细小的想法"。（屏显）

请仿句：生活是一条路，布满了人生的荆棘坎坷。

生：生活是一首歌，唱尽了人生的酸甜苦辣。/生活是一朵浪花，撞击着人类梦想的礁石。/生活是一份试卷，写满了人生的功过是非。/生活是一把伞，承受着人生的风风雨雨。/生活是一支笔，描摹着人生的悲欢离合。/……

师：第1—3段提出了问题，第4—12段分析了问题，一共分析了几个问题？

生：两个。

师：具体是？

生：创造性思维有三个要素；拥有创造力的人留意自己细小的想法。

师：提出问题、分析问题之后，要落实到"解决问题"。

四、解决问题

师：看看最后一段，第13段。（屏显）请大家自由读一读。（生读）

任何人都拥有创造力，首先要坚信这一点。关键是要经常保持好奇心，不断积累知识；不满足于一个答案，而去探求新思路，去运用所得的知识；一旦产生小的灵感，相信它的价值，并锲而不舍地把它发展下去。如果能做到这些，你一定会成为一个富有创造性的人。

师：大家四人组讨论下，解决了怎样的问题，或者说得出了怎样的结论？

（四人组讨论。）

生：我们都有创造力，为此要保持好奇心，运用知识，一旦产生灵感，锲而不舍地去发展它。

师：这个结论你熟悉吗？

生：跟前面第4—6段讲的差不多。

师：的确有些重复。所以，有人质疑这篇议论文的典型性了。我们看看，全文观点性的句子我找到了这些（屏显），你们可以再补充。比较一下，全文的中心论点应该是哪句？

（1）事物的正确答案不止一个。（标题）

（2）寻求第二种答案，或是解决问题的其他路径和新的方法，有赖于创造性的思维。（第4段）

（3）区分一个人是否拥有创造力，主要根据之一是，拥有创造力的人留意自己细小的想法。（第12段）

（4）任何人都拥有创造力，首先要坚信这一点。（13段）

生：反正第一个不是，另外三个差不多。

师：我们的认识有进步。把这三个用自己的语言表述下就好了。

生：我们要拥有创新性的思维方式。

生：怎样才能有创造性思维。

生：创造性思维的来源。

师：三个，王老师更倾向第一位同学的总结——我们要拥有创新性的思维方式。这样前三段还有存在的必要吗？

生：没有了。删掉。

生：有呢！事物的正确答案不止一个，怎样才能"不止一个"？要有创造性思维，由浅入深，这样引出论题，也有趣味。

五、总结

师：你说得太好了。就是这个路数。我来回顾下全文，能看出议论文的逻辑结构是？

生：提出问题—分析问题—解决问题。

师：关于议论文，我们今天是第一次正式接触，今后，我们还要继续学习议论文的其他相关知识。下课。

【教后反思】

议论文教学，先从结构开始

上这一课是个挑战，主要有四点原因：一是文本本身，说它是一篇议论文，却不是篇典型的议论文，虽然也基本遵循引论、本论、结论的逻辑路线，但论述过程是比较"散"的。二是，这篇课文在"人教版"中是在九年级上册出现的；而"苏教版"却在七年级上册就出现了。孩子们还没有议论文的知识储备，尤其是认知的储备。三是，教学议论文，一上来就是篇具有相当思维含量的"不典型"的文章，师生都有点措手不及。四是，作为一种文体，尤其是说明性文章和议论性文章，成为教材时最好是以"群文"的面貌出现，便于集中一段时间学习某种文体，习得该文体的基本知识。

除了这四点，《事物的正确答案不止一个》的学习还处在一个尴尬的学术研究节点上。孙绍振先生说，中学语文知识落后学术界20到50年，此言不虚，甚至触目惊心。我来举例：我们一直以为文学作品有"四分法"；我们还在固守议论文的三要素；我们长期认为散文特点是"形散神聚"；我们从不怀疑小说情节是开端、发展、高潮、结局四个部分；我们坚定不移地长期集团性地使用"讲授法"。

不仅如此，议论文的学习还与当下的文化环境有关系。其实，在欧美一些发达国家，七年级学生写议论文甚至是研究报告，已经是十分寻常的事情了，但我国基本还停留在抒情阶段，甚至是抒"假"情阶段。可能也正因为如此，"苏教版"才"试探"着将这篇文章放在七年级第一学期教材里。初中议论文的学习和写作有十分的必要性：能将语文学习与生活、阅读的壁垒打通，没有生活与阅读，就没有鲜活的论据和深刻的思想；能养成孩子们的理性思维与理性精神，培养其应对现代生活的各方面能力。这样，课堂不得不向生活开放，促进生本教育的实现。同时走出文学化、散文化的泥淖，让研究性学习成为可能。

基于以上的原因，这节课就"化繁为简""避错就对""用教材教"了。先说"化繁为简"。没有进入议论文的一些概念中，一开始的"聊天"只是了解下"学情"，并没有顺着这个思路学下去，而是另辟蹊径，学习本文的逻辑结构——提出问题、分析问题、解决问题。并将相关的内容形成"问题"，供学生探究。再说"避错就对"。关于这一课的教学，有一些传统的认识是有错误的，比如把论点看成是"事物的正确答案不止一个"，这只是论点提出的一个"由头"，准确的中心论点，我在这节课最后作了一些比较，需要学生来提炼。再比如，所举的两个例子（约翰·古登贝尔克将原来毫不相关的两种机械——葡萄压榨机和硬币打制器组合起来，开发了一种新形式；罗兰·布歇内尔发明了对战型的乒乓球游戏，从此开始了游戏机的革命），对于观点的支撑是重复的。还有，"解决问题"部分与"分析问题"部分的观点简单重合。这些，在本节课都"巧妙"地避开。

基于文本、基于学情、基于目标，学什么，取舍很重要。"少则得，多则惑。"

【现场感受】

议论文的知识习得中建构

美国实业家罗迦·费·因格的《事物的正确答案不止一个》是一篇颇有争议的议论文，分歧主要集中在中心论点的确定和论据的选择上。正因为如此，这节课成了公开课的热门篇目。2015年10月，王益民老师应邀在重庆长寿区石堰中学为七年级孩子上了这节课。

王老师这节课，突出了议论文的文体特征，分为五个环节：课前谈话—提出问题—分析问题—解决问题—总结。其主体部分的三个步骤，按照思维能力的要求层层递进，一步一步展开，有条不紊，线索分明。

当然，所谓的五个环节，不过是整理课堂实录的时候整理者的一种有意提炼，用以描述这节课师生外在的行为方式，但还不能完全呈现出这节课内在的设计思想。如果我们的学习仅仅停留在这几个环节，而不去深入思考每个环节背后执教者的深刻意图，那将会留有遗憾。

先来看第一个环节："课前谈话"。这样的一节公开课，师生在完全陌生的情况下初次接触，学生没有事先的按要求预习，教师也没有事先的沟通铺垫，一切都要在45分钟的课堂内完成。所以，课前谈话作为这节课的起点，就显得尤为重要。它是教师得以窥见学生的知识背景、学习情况的一种手段，是后面教学活动的依据，是"以生定教"的前提。

如何能够在很短的时间内通过简单的交流来迅速掌握学生的学习情况，这无疑是考验教师智慧的。王老师的第一个问题是："大家知道什么是议论文吗？"面对初一学生，提出这样的一个问题，执教者的意图是明显的，这节课就是来学习议论文的，看看他们对议论文到底知道多少。他是想通过学生的反馈来确定这节课的目标走向，进而展开教学的各个环节，避免脱离学生实际强灌硬塞。学生的回答倒也不出意料，都是围绕"三要素"来说的。可是这里，王老师似乎又有一些不甘心，于是就产生了这样的一问："你们怎么知道这么多？"学生的回答是"我们老师让我们背的"。这就有点耐人寻味了。如果教师把学习仅仅视为获得事实的过程，这样的回答倒也无可厚非，如果教师将学习视为理解的过程，学习是在新旧知识之间建立联系，是对越来越复杂的知识信息的理解，那么这样的回答实际上为执教者下一步的教学设置了一道障碍。面对对知识死记硬背的学生，如何设法引出和倾听来自不同背景的学生对问题的理解，进而形成促使学生已有认知结构发生转换和发展的教学策略，实现知识在新情境中的灵活运用，是接下来要解决的问题。至此，这节课的目标也就由模糊变得清晰：如何在"三要素"的基础上形成对议论文的学习"死记硬背"的超越，进而形成严密的思维能力。

再看"提出问题"环节。这一环节，总体上看，实际上是这节课的导入环节，王老师的设计更多地体现在常规内容的选择上。王老师根据文体特点和文本内容，将着力点放在对中心论点的怀疑上，这种选择有助于培养学生的怀疑精神和独立判断能力，暗合了文本本身的目的。王老师首先直接呈现了课文中的一组图形和一个问题，对于这个问题，学生只要稍微关注文本，解决起来没有什么难度。但这个一组图形和一个问题放在这里却很有必要，它不是对文本内容的简单重复，而是按照文本的行文思路，引导学生快速扎进文本，激发学习兴趣，同时，也符合我们认知由具象到抽象的一般规律。七年级学生面对这样的问题有些兴奋，这也正是执教者的目的，但目的却不止于此，随后执教者紧扣课题连续追问，直至有学生表示"我怀疑这不是中心论点"，我们才真正明白了他的意图。这就好比我们一群人走进一个灯火通明的洞窟，正惊异于自然的神奇，突有好事者将灯全部关掉，人群开始惊慌，四散奔突寻找出口，终于看到一束幽光。王老师通过连续的追问，终于让学生开始怀疑自己的习惯性认知，重新思考本文的中心论点，这里有"陌生化"的效果。可以说，这里既是文本的提出问题部分，也是本节课的真正起点，从这里出发，一路延伸，最终走向终点：本文的中心论点。

第三个环节是"分析问题"。在这个环节，执教者一开始并没有循着上一环节的"中心论点"继续追问，而是着手分析文本的具体内容。事实上，要想真正厘清本文的中心论点，常规的应试方法（借助标题或文中的观点性句子）是不可能做到的，必须有分析之后的概括。我们在这里还能感受到王老师的"细腻",文本的处理,细节上的功夫特别重要,而这正是一般教师容易忽视的,我们一般求快,学生也跟着快乐地看过去。王老师一上来就让学生看第4段,他让学生讨论这一段的作用。学生经过讨论得出了"承上启下"的结论,并发现了这里的设问和关联词,而设问正是本文的一个重要的特点,也可以说是理解这篇文章的一个线索。抓住这个线索,学生就能把握文章的基本思路。细节体现了一个教师文本阅读嗅觉的灵敏度。

除了"细腻",这一环节关于两个例证的讨论也很值得关注。王老师在引导学生分析完创造性思维必需的要素之后,抛出了这样一个问题:"有人说,这两个例子只要一个就行,你们的看法呢?"我们说,他这节课最开始的目的就是想训练学生的思维能力,这里正好又有了一个机会可以借助文本训练学生的严谨思维和质疑精神,当然不可以错过。经过王老师的引导,学生确实发现这两个例子有些重复,并提出为了多角度举例可以删掉第二个再补充关于"持之以恒"的例子。学生的质疑精神无疑是值得肯定的,但我们仔细阅读文本不难发现,文中这两个例子其实并不重复,而是从不同角度证明了第五段和第六段的观点。教师在引导学生深入文本进行质疑改造的同时,也应该给予一个明确的结论,或许并没有明确的答案,但至少应该有一个明确的尺度。如果能将思考的着力点放在例证是不是证明观点的最佳方式上,或许会有不一样的启发。

对于七年级的学生,本节课的文本是复杂的,开始可能还有一些趣味,但随着研读的深入,枯燥是难免的,尤其是欧化的长句,学生读来总难免有些错愕。如何化解这样的枯燥也很关键。对此王老师应该是有所预计的,他在课堂中穿插的小游戏正是为了应对这一状况。"桌面锯角"的游戏应该说很符合七年级学生的特点,很有趣味性,一方面测试了学生的创造性思维,一方面也是沉闷阅读和思维压力之后的一次释放,效果很明显。除此之外,这一环节的结尾,王老师还安排了一个仿句练习,我们能看到的直接意图是为了操练文本第12段的结论"拥有创造力的人留意自己的细小想法"。乍一看,这样的语言训练似乎与本节课的目标有些疏隔,但我觉得,这和"桌面锯角"游戏一样,也是思维的放松操,是缓解学生阅读压力的一种方式,是长时间阅读后的一次"眺望",是为下一个环节而准备的热身。这其实是一种课堂的处理技巧。

　　这样的技巧还表现在"齐读"部分。我们看到，在处理文本第10—12段内容的时候，王老师使用了一次齐读。一般情况下，学习古文或诗歌，齐读是常用的一种手段，在这样一篇思维缜密的论述文中，使用齐读还是不多见的。而恰恰是因为本文论述缜密，学生在阅读的时候容易费神费力，容易注意力分散。使用"齐读"就能很好地避免这一点。步调一致的齐读，实际上是学生注意力的拖拽，能很好地将学生的注意力集中到文本上来。

　　分析问题的目的还是为了解决问题，第四个部分在分四人组讨论了文本的"解决问题"部分后，王老师要开始落实本节课真正要解决的问题了。王老师要求学生回顾了全文，将文中所有的观点性的句子全部梳理出来，并全部呈现在大屏幕上。现在的课堂，碎片化很严重，课上得很热闹，最后缺乏一个有效的梳理，课显得零碎，学生也很难对文本有一个完整的认识。王老师在这里注意到了这个问题，也很好地解决了这个问题。我在这里还想说一点，前面的分析问题，我们可以将其视为对学生的演绎性发散思维的训练，这里的解决问题部分就是归纳性思维的训练了。近代教育家严复认为，在中国传统文化中，就思维方法而言，演绎法（外籀）多于归纳法（内籀）。演绎与归纳本身并无高下之分，皆是重要的科学研究和思考问题的方法，但偏重于外籀，疏于内籀，重推理轻实验，则会流于空疏。严复认为这是中国传统思维的严重缺陷，阻碍了科学的进步，他把造成这种现象的原因归结为中国的教育"专重读书，而不识俯察仰观学于自然之尤重"。王老师这节课未必受到严复观点的影响，但他着重引导学生分析之后进行归纳，最终得出文本的中心论点，确是值得称道的。

　　"总结"部分，王老师简单地回顾了全文，再次强调了议论文的逻辑结构：提出问题—分析问题—解决问题。他告诉学生，这是第一次正式接触议论文，以后还会继续学习其他相关知识。至此，一节课全部结束，回顾整节课，对于学生来说，相较于之前的"背"，通过这样一次思维的历练，已是巨大的进步了。

　　评完这节课，我忽然想到了20年前的那场语文教学大讨论。那场大讨论引起了社会各界人士对基础教育语文教学的关注，最终形成了一本《中国语文教育忧思录》（王丽编，教育科学出版社，1998年），他们将语文教学中的"少慢差费"的问题归咎于"人文性"的缺失。其时我还是一名初中生，但我已从我的语文老师的眼神中看到了一种希望：似乎强调了"人文性"，语文就有了出路。如今，我也成了一名语文教师，却很无奈地看到，语文教学依然没能走出"少慢差费"的困境。也就在近年，不少老一辈的语文学者又开始呼吁语文要走"正道"，人们似乎又开始认识到语文还是少不了"工具性"，语文的知识依旧很重要。不可否认，王老师这节课就是一节教师主导下的控制型的传统语文课堂，学生始终是在教师的问题推动下潜入文本展开阅读的，并且没有回避议论文"三要素"的知识性问题。也正是因为这一点，学生经历了一次严谨的思维训练。或许我们认为这种以教师为主导的"讲解""分析""概括""比较"并不一定真的能使每一个学生获得语文的素养，但那种"高谈阔论""凌空虚蹈"的所谓注重"人文性"的语文课堂又让学生获得了什么呢？

（章周礼，安徽省铜陵市第十二中学）

【专家点评】

议论文教学可以这样"启蒙"

这是一个巧用课文对七年级学生进行议论文知识启蒙教育的案例。

教学对象是七年级的学生，初次接触议论文。

这就需要教师在教学中作出科学的、有分寸的安排。

王益民老师做到了，而且做得好。

我们来大致观察一下这个案例——

第一，教师利用课文的方向是：对学生进行初步感知议论文、分析议论文、知晓议论文展开的基本规律的教学。

第二，教师设计、安排的教学思路是："起""承""转""合"。

起："课前谈话"，摸底探路，了解学生所知晓的关于议论文的基本知识。

承："提出问题"，利用课文开篇中所用的图形，引导学生分析图形，顺势点拨学生知道作者所提出的论点。

转："分析问题"，突现课文教学的重点，训练学生分析理解课文"分析问题"这一部分的层次与内容。

合："解决问题"，引导学生知晓课文的"结论"，并顺势点拨一般议论文的基本结构规律。

全课的教学，思路明晰，重点突出，具有训练的力度与深度，知识教育到位。

我们再来观察一下这个案例所表现出来的教学手法。

其主要的教学手法就是"导"。

第一导：引导学生谈谈关于对议论文知识的知晓，将教程顺利引入课文阅读训练。

第二导：利用课中图形，引导学生体味"事物的正确答案不止一个"的观点的巧妙提出。

第三导：有步骤地引导学生品析课文论析的重点内容，用分层推进的教学思维，有条不紊地品析课文"分析问题"时的几个重点。

这一块的"导"特别有智慧，运用了"设例"的手法，将训练的高度引导到"段的作用"的品析上，将训练的深度引导到对"段"的要点的分析归纳上。

全课的教学，要言不烦，手法生动，点拨有致，学生真有收获。

我曾经说过，凡教学目标明确、教学过程生动、教学效率较高、师生互动和谐的课都是好课、都是优秀的课。但从"课时效率"的角度来讲，我们需要从如下好课的角度来进行观察与评说：善于利用课文，教学思路清晰，教师提问精粹，课文品读细腻，面向学生全体，组织实践活动，知识教育落实，能力训练充分。

最重要的要看三个点：学生活动充分，知能训练扎实，课堂积累丰富。

反之，碎问碎答的课，一问到底的课，思路不清的课，无法安静的课，方法单一的课，纯粹解读的课，缺乏训练的课，预演过分的课，推行模式的课，分组"展示"的课，都不是有效率的好课。

由这个课例，我们可以知晓，什么叫作"利用课文"进行教学。

所谓"利用课文"，是相对于"就课文教课文"而言的。

"就课文教课文"，是课文阅读教学中最低层次的一种教学形态，教师以为阅读教学的任务就是将课文内容"教懂"，于是一律运用"碎问碎答"的教学方式，将课文内容作为无数次提问的目标进行教学。

在这种教学状态下，学生只是在应对教师零碎的提问，基本动作就是进行零碎的浅层次的课堂答问。

"利用课文"的教学高度则明显的不同。

"利用课文"，就是利用课文中的教育教学资源，设计课堂教学中丰富的学生实践活动，让学生在课文朗读、语言学用、分析品析、文学欣赏、读中学写、辨析能力、想象能力、论说推理能力等诸多方面能够得到规范的有力度的训练。

在这种教学状态下，学生就能够参与"训练"，能力的发展与素养的提升就得到了真正的落实。

所以，我们崇尚"利用课文"对学生进行有效训练的教学高度。

（余映潮，著名特级教师，湖北省荆州市教科院原中学语文教研员）

可以这样教《背影》

课堂提要：传统经典散文《背影》怎么教（学）？"贴着学生飞"，但这不是"迁就学生飞"，那样的话，只能是低空飞行，是看不到文本壮丽的景色的。文本的解读、课堂的结构、多重的对话、问题的生成、学习的方式，诸多方面的"贴"着学生飞，让我们看到了师生在课堂里那种难以遏止的生长。

【课堂实录】

还原一段父子真爱

时间：2015 年 4 月 19 日
地点：陕西省麟游县教师进修学校
班级：陕西省麟游县镇头中学初二（10）班
活动：陕西省麟游县"麟游大讲堂"第 20 期

一、感知全文

师：课文同学们已经预习过了，我们来听写几个生字词好吗？

生：好！

（有很多同学举手。一生上黑板听写，共六个词：狼藉、踌躇、蹒跚、橘子、颓唐、惦记。学生互批，有两人未全对，老师提醒他们订正。）

师：哪位同学能用一段话，概括下文章的内容？要用上这六个词语哦。

生：朱自清（师纠正为"我"），"我"回到家，看见满院狼藉的东西，心中十分难过。父亲送我去车站，一开始颇踌躇了会儿，但最终还是决定亲自送我，还过铁道为我买了几个橘子。父亲老境颓唐，但他依然惦记着自己的儿子和孙子。

师：六个词语都用上了，哪位同学评点下？

生：买橘子是主要情节，他概括出来了，最好前后加上"这篇散文写了……的故事"。这样就完整了。

师：这位同学，你认可他的评点吗？（生认可。）是的，回答问题要注意语言的完整性。同学们，假如将这幅图（屏显，略）当作课文《背影》的插图，你觉得合适吗？为什么？

生：差不多吧。

师：差不多是差多少？（生笑）

生：哦，对了，这是现在的人，"我"的父亲是过去的人。

师：具体点。

生："我"的父亲是黑布小帽，黑布大马褂，深青布棉袍，这个人不是。

师：谢谢。你学会从文中寻找不同了，我们这节课回答问题都要从文中寻找依据，好吗？

生：好。

师：再看这幅图画（屏显，略），可以作为插图吗？

生：（异口同声）可以。

师：看了这幅图，尤其是预习了这篇散文后，你感动了吗？

生：感动了。

师：你为什么被感动了？

生：这位父亲身体不好却为儿子买橘子。

师：身体不好？

生:"父亲是一个胖子"。

师:有没有同学没被感动的?(生大都摇摇头,一生犹犹豫豫地想举手)你说。

生:我不怎么感动,因为这些事我们的父母也经常做,甚至做得更好!

师:(做得更好)你也没被感动?(生羞赧笑笑)谢谢你,告诉了老师,你真实的想法。你先保留你的想法,好吗?(生点点头)

二、你感动了吗?

师:文中的父亲哪些细节让你感动?我们先来看一个细节。(屏显)

他再三嘱咐茶房,甚是仔细。

师:谁来说说?

生:父亲"嘱咐"茶房让我感动。

师:怎么"嘱咐"?

生:"再三"。

师:"嘱咐"得怎么样?

生:"仔细"。

师:所以,这句话的细节在哪里?

生:"再三"和"仔细"。

师:对!这就是"细节"。待会儿我们就这样寻找这样的细节,好吗?(生点头)

师:"再三""仔细"的"嘱咐"就能让人感动吗?有时候,我们把它叫作"啰唆"。(生茫然)去第4段找找,看看有没有新的发现。

生:我发现了,"其实我那年已二十岁,北京已来往过两三次","二十岁"的大孩子,北京去过"两三次"了,父亲还这样,把"我"当小孩子,所以很感动。

师:你们再看看第5段,能不能为这种感动再找出第三个理由?(生默读)

生:从第5段可以看出来,"我"当时并不赞同父亲所谓的"爱",只是没有说出来;父亲应该能感受到,但他并不在意,还是那样做。这的确让我们感动。

师：也就是说，父爱是永远的，与儿女的年龄无关，甚至与儿女对自己的态度也无关，这是一种没有条件的父爱。大家知道，浦口车站送别是哪一年？

生：1917年。

师：对，是1917年。我们来看一则资料，或许，你还会找到感动的第四条理由。（屏显）

1915年：父亲给儿子包办婚姻，儿子生气。1916年：儿子考上北大，把名字"朱自华"改为"朱自清"，老爸很生气。

师：找到了吗？

生：父子关系出现了问题，在出现了问题的情况下，父亲还能"再三嘱咐"，很不简单。

师：最重要的是出现了"大问题"。朱自清的父亲是一位"严父"，恪守着封建道德伦理，为儿子包办婚姻。要知道，朱自清是新文化运动熏陶下的新人，是具有自由、民主思想的人，"改名字"属于"大逆不道"。"包办"与"改名"是新旧思想激烈冲突的表现。正是在这样一种矛盾下，父亲仍然无条件地、一如既往地向"我"示爱。不感动，除非铁石心肠了。你现在感动了吗？（师问前面那位"不怎么感动"的同学，这位同学若有所思地点点头。）

三、为什么感动？

师：同学们再找一些父亲的细节，说说为什么感动。注意在原文圈点勾画。（约1分钟后）现在以小组为单位，组内汇报你所找到的地方。（约2分钟后）各组选定一处，再商议下，待会儿在全班汇报。（约1分钟后）

生：我们这一组推荐这个细节：第6段，"他用两手攀着上面，两脚再向上缩；他肥胖的身子向左微倾，显出努力的样子"，用了四个词"攀""缩""微倾""努力"。父亲不顾自己身体的实际情况，亲力亲为，大有一种为儿子可以赴汤蹈火的意思。所以很感动。

生：我来补充下，越是吃力，父爱就越深。更何况是在父子关系有点紧张的情况下。这个"背影",是电影中的定格,当初定格在"我"的心中,后来定格在每一位读者的心中。

师:说得太好了,还有哪一组?注意,后面组的汇报的细节不能与前面重复。

生:我们组找到第5段的这一句:"他给我拣定了靠车门的一张椅子;我将他给我做的紫毛大衣铺好座位。""靠车门",是父亲想让我上下方便,空气也会好一些,父亲像母亲一般细致入微,不能不让人感动。

师:"紫毛大衣铺好座位"这个细节呢?

生:"我"不太珍惜父亲的礼物,竟然把它铺在座位上当坐垫。父子之间互相的爱有点不一样。

师:是不对等,是吧?越是不对等,父亲的爱就越让人感动。有关资料显示,后来,朱自清把这件紫毛大衣卖给了一位同窗,然后去买了一套书。(生吃惊)还有哪一组?

生:我们组是第6段后面一点:"于是扑扑衣上的泥土,心里很轻松似的"。"扑扑"说明父亲像完成了一件大事,很高兴、很欣慰、很轻松。

师:换成"'弹了弹'衣上的泥土"行不行?

生:不行!"弹了弹"有点拘谨、有点做作,没有一种释然的心理。

师:你很会揣摩。以上都是一些动作的细节,还有其他方面的细节吗?

生:老师,我们找到的是父亲的四句话:"不要紧,他们去不好!""我买几个橘子去。你就在此地,不要走动。""我走了,到那边来信!""进去吧,里边没人。"每一句话都很朴实,每一句话都在关怀,简简单单、朴朴实实,家常菜,养人。

师:你能读一读吗?(生读后,教室响起自发的掌声。)

师:刚才我们分析了动作的细节、语言的细节,还有服饰也很感人。(屏显)

我看见他戴着黑布小帽,穿着黑布大马褂,深青布棉袍。

(生不解。)

师:"黑布小帽""黑布大马褂""深青布棉袍"是那个时期的礼服。

生:这说明父亲车站送别儿子,是很正式的。

师：还有细节。（屏显）

我将他给我做的紫毛大衣铺好座位。

"我买几个橘子去。你就在此地，不要走动。"

（生亦不解。）

师：在中国传统文化里，紫色是尊贵的颜色，如北京故宫又称为"紫禁城"，所谓"紫气东来"。可见父亲的用心。买"橘子"，扬州人叫"走局"，是一种吉祥的祝福。（生恍然大悟）这叫什么细节？

生：情感的细节吧。

师：就是情感的细节。请一位同学总结下，我们一共从哪几个方面寻找了父亲的细节？

生：从动作、语言、服饰、情感四个方面分析了父亲浦口送别儿子感人的细节。

四、"我"感动了吗？

师：既然这么感人，散文中的"我"感动了吗？从哪些细节看出来的？请把你的发现与同桌交流。（约1分钟后）

生：没有感动。第5段有交代："我""总觉他说话不大漂亮，非自己插嘴不可"。不仅如此，"我"心里还"暗笑他的迂；他们只认得钱，托他们只是白托！而且我这样大年纪的人，难道还不能料理自己么？"

生：这是"我"的心理活动。父亲并不知道。文中有四次写"我"流泪，都是感动的泪。第一次，在第2段："看见满院狼藉的东西，又想起祖母，不禁簌簌地流下眼泪。"第二次在第6段："这时我看见他的背影，我的泪很快地流下来了。"第三次，还是在第6段："再找不着了，我便进来坐下，我的眼泪又来了。"最后一次，在最后一段："我读到此处，在晶莹的泪光中……"

生：不对。第一次、第四次都不是现场流的泪。只有第二、三次，是看见父亲的背影和父亲的背影消失在人群里，"我"的眼泪来了。

师：是的。那么第二、三次，哪一次更感动？同桌间再交流。（约1分钟）

生：我们俩意见不一样，能各自说说吗？

师：当然。

生：我认为第二次更感人，几个动词，前面已经分析过了；最重要的是，这是课文题目《背影》的由来。

生："背影"应该是泛指这一次送别看到的父亲的"背影"，不是单指那一次。你看——"等他的背影混入来来往往的人里，再找不着了，我便进来坐下，我的眼泪又来了。"这里的"混"，不仅说明人多，也能看出"我"的眼睛是紧紧盯着父亲的，叫"目送"吧。尤其是"再找不着了"，有无限的悲伤在其中。

生：我赞同第二位同学的意见，第二次是感动于父亲买橘子的艰难，是对于"事"的感动；第三次是感动于父亲离开自己视线的一种惆怅，甚至还有懊悔。

五、当初为什么不写《背影》？

师：既然如此感动，当初为什么不写《背影》，一直到1925年，即八年后才写下《背影》？

生：可能是没空。

生：心里不爽。

师：我们再来看则资料。（屏显）

（1）1915年：父亲给儿子包办婚姻，儿子生气。（2）1916年：儿子考上北大，把名字"朱自华"改为"朱自清"，老爸很生气。（3）1917年：父亲失业，祖母去世，父子浦口车站别离。那年作者20岁。（4）1920年：儿子毕业了，到南方去工作。（5）1921年：儿子回来工作，父亲领了儿子的工资，儿子愤然离家出走。（6）1922年：儿子带老婆孩子回家，父亲先不准他进门，后允其进门但不说话。（7）1924年：儿子写了篇家庭矛盾的小说，父亲说暴露了"家丑"。（8）1925年：父亲给儿子写信，儿子在泪水中写了《背影》。（9）1928年：父亲读到《背影》，父子冷战结束。（10）1945年：父亲去世。

生：八年来，父子关系一直疙疙瘩瘩的。写的时机还不成熟。

师：什么时候成熟了？

生：1925年，收到父亲的信。

师：你读一读。

生："我身体平安，惟膀子疼痛厉害，举箸提笔，诸多不便，大约大去之期不远矣。"

师："膀子疼痛"能得出"大去之期不远矣"的结论吗？老师膀子也痛。（生笑）事实上，父亲是多少年后才去世的？

生：1945年，20年后！

师：那么为什么要向儿子"示弱"？

生：动之以情，父亲想缓解父子关系。

师：1925年，朱自清早已是清华大学教授，按理说，缓解父子的关系，谁应该更主动一点？

生：儿子！

师：儿子做了吗？读第7段——

生："近几年来，父亲和我都是东奔西走，家中光景是一日不如一日。他少年出外谋生，独立支持，做了许多大事。哪知老境却如此颓唐！他触目伤怀，自然情不能自已。情郁于中，自然要发之于外；家庭琐屑便往往触他之怒。他待我渐渐不同往日。但最近两年的不见，他终于忘却我的不好，只是惦记着我，惦记着我的儿子。……"

师：可惜，1925年写成后，又过了三年，1928年，父亲才读到这篇文章，当时是泪流满面，半晌没有说话。

师：同学们，《背影》只有1300来个字，却有三个时间错位，很值得玩味：第一个，1917年浦口车站买橘送别，八年后的1925年才写作《背影》；第二个，父亲1925年来信说自己"大约大去之期不远矣"，20年后的1945年才去世；第三个，1925年写作《背影》，父亲三年后的1928年才读到。传统伦理与现代思想在时间与空间上的交锋，让《背影》的思想意蕴复杂起来，让本应心心相印的父子情感复杂起来。这对父子，用一位教授的话来说，他们"爱得隔膜、爱得惭愧、爱得沉重、爱得痛苦"。这位同学（再次问前面那位"不怎么感动"的同学），你来总结下这节课，好吗？

生：我说"不怎么感动"，是以为"事情太小"；没想到，却这么复杂。

从朱自清的《背影》，看到的是不一样的父爱，一篇看似平常的《背影》隐藏的却是曲曲折折的父子情。谢谢老师。（掌声）

师：谢谢初二（10）班的同学，再见！

【教后反思】

语文课要"贴着学生飞"

作为一名普通的初中语文老师，笔者应邀在某些地区再上《背影》，想用这种实践的方式来表达自己的基本语文观——语文课要"贴着学生飞"。所谓"贴着学生飞"是一种诗意的表达，意为课堂问题的预设、教学方法等课堂要素要合乎学生的思维特点，离学生近一点，近一点，再近一点，坚守语文课的"学生立场"，瞄准学生的"最近发展区"，把问题带进课堂，创设在学生最近发展区内的问题情境，并通过设置悬念，激发学生对解答的欲求，从而充分调动学生学习的积极性，激发学生学习的兴趣，提升其语文素养。

一、文本的解读要"贴着学生飞"

朱自清的《背影》诞生90多年来在教材中的去留与解读是一部缩微的语文教育史。赵焕亭在《〈背影〉教学史的变迁》（《中国现代文学研究丛刊》2009年第3期）将其大致分为："春晖时代"（1925—1950年），备受叶圣陶等推崇；"寒冬时代"（1951—1977年），1951年第3期《人民教育》的大讨论终结春晖；"夏暖时代"（1978—2000年），各版教材纷纷收录。张学君在《语文建设》2011年第6期撰文，又指出《背影》还有"秋日时代"（2001年至今），这一时代的特征是心理学、文化学等西方理论等介入到文本的解读。北京的韩军老师更是通过课例把《背影》推至哲学与生命学的高度，一时哗然。

《背影》是"课文经典"，却不是"文学或文化的经典"。"既然《背影》是一篇被选最多的课文，就应该更多地从语文教材的角度去看《背影》的经典性。"①不加区别，易进入误区。按照郑桂华老师的观点，《背影》作为"课文经典"有"父子情深"的主流价值；具有记叙文（或散文）的典型文体特征；具有这一类文章的公共知识，如"以小见大""前呼后应""扣题"等；且这些公共知识容易辨认。

比如，父慈子孝是本文主题的"常识"，"父亲的施爱，无私、周到而自然；儿子的体察，真情而动人"②，是90多年来感动中国人的重要原因，"如果我们站在冷眼旁观的角度就会发现除了盈盈的父爱之外，还有拳拳的儿女之心"③。其实父亲在道德上的善与否，并不影响他作为父亲对儿子发自内心的疼爱。不能因为父亲的纳妾，给家庭带来困境，就否定他疼爱儿子的天性。舍此，去寻找文本主旨的努力，都将是"一家之说"，更是学生认知所不能接受的。语文教学，还是有别于《百家讲坛》的，是要把复杂问题简单化的，而不是相反。

但是，如果仅仅讲"父慈子孝"，看起来是"贴着学生飞"，却是"盲从"了学生的认知。《背影》的"父慈子孝"有其独立的文本价值。本节课有几个着力点，如抓住了值得玩味的三个时间错位：1917年浦口车站买橘送别，八年后的1925年才写作《背影》；父亲1925年来信说自己"大约大去之期不远矣"，20年后的1945年才去世；1925年写作《背影》，父亲三年后的1928年才读到。父亲所遵循的传统伦理与朱自清现代思想的交锋让《背影》变得复杂起来。我问学生，"我"当初为什么不写《背影》？学生的认识在我出示了父子恩恩怨怨的一段材料后，变得明晰起来：

生：八年来，父子关系一直疙疙瘩瘩的。写的时机还不成熟。

师：什么时候成熟了？

生：1925年，收到父亲的信。

师：你读一读。

生："我身体平安，惟膀子疼痛厉害，举箸提笔，诸多不便，大约大去

---

① 郑桂华.经典作品与经典课文[J].上海师范大学学报（基础教育版），2010（6）.
② 江结宝.《背影》——父子关系和谐美的乐章[J].语文建设，2005（8）.
③ 蔡跃锐.无言的感激——《背影》新探[J].中学语文教学，1992（3）.

之期不远矣。"

师:"膀子疼痛"能得出"大去之期不远矣"的结论吗?老师膀子也痛。(生笑)事实上,父亲是多少年后才去世的?

生:1945年,20年后!

师:那么为什么要向儿子"示弱"?

生:动之以情,父亲想缓解父子关系。

师:1925年,朱自清早已是清华大学教授,按理说,缓解父子的关系,谁应该更主动一点?

生:儿子!

师:儿子做了吗?读第7段——

文本的解读,需要深度,但"深度不是深奥、深涩、深辟"[①];文本的解读,"贴着学生飞",又让学生"跳一跳摘桃子",这种"贴",这种"飞",能让散文散发出自己独有的清香。接下来,就是该如何通过问题的预设,搭建课堂结构了。

二、课堂的结构要"贴着学生飞"

华东师范大学李政涛教授说,好的语文课是要有"推进感"和"生长感"的,这两种"课感"构成了结构好的语文课的基本特征。所以,问题的预设要从一点生发开去,层层推进,步步深入,绝不"旁逸斜出"。笔者《背影》这节课共有四个问题:(1)"看了这幅图,尤其是预习了这篇散文后,你感动了吗?"(2)"文中的父亲哪些细节让你感动?"(3)"'我'感动了吗?"(4)"我""既然如此感动,当初为什么不写《背影》,一直到1925年,八年后才写下《背影》?"

第一个问题具有整体感知的目的,是个"低起点"的问题,老师可以借助学生自由发表自己的阅读体验,进一步了解"学情",为后面问题的展开服务。这种"缓坡向上"的设计避免了课一开始就"一棍子将学生打蒙"的现象。其实在第一个问题出示前还有一个"热身"环节——听写生词和内容

---

① 刘永康,林润之.回到语文教学的正确轨道上来[J].语文教学通讯,2014(11B).

概括。现在大家都在讲"以学定教",也就是说要关注学情,"即在教师指导下的学生的学习情况,主要应该包括学生在进行课堂学习时的学习起点、学习状态及学习结果三大要素"①。课的开篇,我利用这一看似"幼稚"的问题,"诱导"孩子们在放松的情况下"暴露"自己真实的学情,包括他们陈述性知识、程序性知识和策略性知识的概略,为"定教"服务。

第二个问题是本节课的核心问题,也叫"主问题",借助于"知人论世",体会语言背后的父爱深情。《背影》感人至深,"不仅是一篇'美文',更是孝道的图腾"②。但不同年龄段、不同阅历的人理解有别。一般而言,孩子们读出的是理论上的"父子情深";年轻人读出的"父子情深"是倏忽间的;为人父母者,读出的是感同身受的"父子情深"。有沟沟坎坎而最终冰释前嫌,读来则凄切动人。

后两个问题关乎散文中"我"在表达什么样的情感,从文本体式的角度讲,这是一节散文教学课绕不开的问题。最重要的是,朱自清从1915年因父亲为自己包办婚姻,从此怨恨父亲,再到1928年,父亲读到《背影》,父子关系缓和,十几年间的恩恩怨怨,在《背影》中有若影若现的表现。这些隐含的信息,如果不能向学生揭示,那么语文课势必处于"浅阅读"的状态,这就与一般读者的阅读体验无二了。

四个问题,构成完整的课堂结构,不仅具有层递性,而且"步步惊心","惊"文本之"核心"。如果说,第一个问题是在"试探""学情",那么后面的问题主要则是为课堂的"生长感"张本。有了恰当的文本解读,又能据此设计一个好的课堂结构,接下来就是具体的课堂实施。

三、多重的对话要"贴着学生飞"

教学实施的过程,就是"对话"的过程。对话,通常要有"话题"。"文中的父亲哪些细节让你感动?"这是这节课的核心问题(话题)。一般处理,也就是学生"找一找",再"说一说",最后老师"评一评"。这种对话从内

---

① 陈隆升.语文课堂教学研究:基于"学情分析"视角[D].上海师范大学,2009.
② 张学君.走进《背影》解读的秋日时代[J].语文建设,2011(6).

容上看是浅层次的，从方法上看是单一的，无助于学生思维品质的提升。为达到深度对话，从而实现"言意共生"，我首先提供"支架"（方法），以"他再三嘱咐茶房，甚是仔细"这一句的品析为例，教会学生如何品析语言的细节。从后面学生自己的发现来看，这种"支架"是有效的，自然也是必要的。而这种"有效性"的高低取决于你的"支架"是否科学——

生：父亲"嘱咐"茶房让我感动。

师：怎么"嘱咐"？

生："再三"。

师："嘱咐"得怎么样？

生："仔细"。

师：所以，这句话的细节在哪里？

生："再三"和"仔细"。

师：对！这就是"细节"。待会儿我们就这样寻找这样的细节，好吗？（生点头）

此处是引导学生关注句中的"限制词"和"修饰语"，而不是从面上浮光掠影地看一遍。

师："再三""仔细"的"嘱咐"就能让人感动吗？有时候，我们把它叫作"啰唆"。（生茫然）去第4段找找，看看有没有新的发现。

生：我发现了，"其实我那年已二十岁，北京已来往过两三次"，"二十岁"的大孩子，北京去过"两三次"了，父亲还这样，把"我"当小孩子，所以很感动。

师：你们再看看第5段，能不能为这种感动再找出第三个理由？（生默读）

生：从第5段看出来，"我"当时并不赞同父亲所谓的"爱"，只是没有说出来；父亲应该能感受到，但他并不在意，还是这样。这的确让我们感动。

这里的对话是在引导学生关注相关段落，一句话的品析往往是牵一发而动全身的事，割裂容易片面，父亲的"再三"与"仔细"能看出父爱是永远的，与儿女的年龄无关，甚至与儿女对自己的态度也无关，这是一种没有条件的父爱，是血浓于水的爱！

那么，品析是不是就可以结束了呢？没有，课堂上，我提供了一则资料，黄厚江老师称之为课堂"凭借"：

师：……我们来看一则资料，或许，你还会找到感动的第四条理由。（屏显）

1915年：父亲给儿子包办婚姻，儿子生气。1916年：儿子考上北大，把名字"朱自华"改为"朱自清"，老爸很生气。

师：找到了吗？

生：父子关系出现了问题，在出现了问题的情况下，父亲还能"再三嘱咐"，很不简单。

四川的李华平教授说，文本解读要"以文本为基础，有条件地调动读者的主观能动性，在必要的时候结合作者及写作背景加深对文本的理解，以认识世界或加深对世界的认识"[1]。"贴着学生飞"，是有方法的，语言的品析，既提供"支架"，又提供"凭借"。既有师生的对话，更有生本（学生与文本）的对话，从关注语句的"关键词"，到关注"相关段落"，再到关注事情的"背景"，层层深入，直至人心、人性，让"再三"的父爱再三理解后变得非同一般。

四、问题的生成要"贴着学生飞"

李政涛教授说："对于教师而言，课堂教学的互动生成是一个极大的挑战，面对课堂上不断喷涌的资源，如何加以捕捉、利用、编织、重组、再造并有效地反馈给学生，考验着教师的综合素养。正是这样的挑战催生了教学机智。"[2]这节课出现了一个小小的"意外"，课堂刚开始的时候，我问学生"你感动了吗"，就在大家纷纷说"感动了"的时候——

师：有没有同学没被感动的？（生大都摇摇头，一生犹犹豫豫地想举手）你说。

生：我不怎么感动，因为这些事我们的父母也经常做，甚至做得更好！

---

[1] 李华平.迷失在学科丛林里的语文课［J］.语文教学通讯，2014（10B）.
[2] 李政涛.教育常识［M］.上海：华东师范大学出版社，2012.

师：(做得更好)你也没被感动？(生羞赧笑笑)谢谢你，告诉了老师你真实的想法。先保留你的想法，好吗？(生点点头)

张学君老师说，读《背影》，"在很大程度上，你的感动不是因为朱自清父亲的背影，而是因为你想到了你自己的父亲，感动来自你自己生活的记忆"[①]。这位孩子的想法就特别的真实，但"真实"并不等于就是真理，我当时就想，这是一个可遇而不可求的课程生成性资源，我请他"先保留"，把他的不同的想法"冷藏"一段时间。当师生从"他再三嘱咐茶房，甚是仔细"这句话中找到父亲是在儿子成人后、是在父子关系闹僵后对儿子施以关爱的时候，顺势问了他"你现在感动了吗"，这位同学若有所思地点点头。此时，他并未完全感动，只是这番对话让他"不感动"的城防有所松动而已。直到同学们纷纷找到感动的细节，还有父子十几年来的恩恩怨怨终因《背影》一文而冰释的时候，他的情感的城防彻底瓦解：

生：我说"不怎么感动"，是以为"事情太小"；没想到，却这么复杂。从朱自清的《背影》，看到的是不一样的父爱，一篇看似平常的《背影》隐藏的却是曲曲折折的父子情。谢谢老师。(掌声)

对于课堂"不同意见"要有"课程观"，不能置之不理，一味执行自己的"教案"，甚至怀抱着"教案"一路狂奔；也不能直接"灌输"，那样只会让学生"口服心不服"。要经过"冷藏""温热""沸腾"三个发展阶段，以帮助其提升对于问题的认识。课堂对于个体的关注是人本思想的重要体现，自然也是"贴着学生飞"的标志。

五、学习的方式也要"贴着学生飞"

新课程认为，课堂教学是师生人生中的一段重要的生命经历，对于学生而言，它的质量直接影响学生当前及以后多方面的发展和成长。有的教师始终认为自己上课在讲解的过程中提问学生或让学生思考自己提出的问题，已经充分体现了学生的主体性和教师的主导性。这远远不够，最重要的是要让学生去体验。

---

① 张学君.走进《背影》解读的秋日时代[J].语文建设，2011(6).

课堂是一个开放性的系统，它的开放性体现在对话的多元。我们很多的课，包括一些名师的所谓的"代表课"，展示的是单一的"师生对话"，展示的是"教师素质"，展示的是"个体学习"，李政涛教授称之为"老师对学生的单挑"。他认为，课堂的交流应是网状互动，有同桌交流、小组交流、组间交流。教师要由"垂钓高手"变成"编织高手"。

这节课一开始有一个很"幼稚"的环节——听写生词、概括内容，从生词的互批，到概括的评点，都由学生完成。其他非"幼稚"的环节呢？

师：同学们再找一些父亲的细节，说说为什么感动。注意在原文圈点勾画。（约1分钟后）现在以小组为单位，组内汇报你所找到的地方。（约2分钟后）各组选定一处，再商议下，待会儿在全班汇报。（约1分钟后）

这4分钟经历了"自主—合作—再合作"的三个小组合作的有机过程，最后"组内求优"，在班级进行合作成果汇报。几个组汇报完成后，总结也交由学生去完成：

师：……请一位同学总结下，我们一共从哪几个方面寻找了父亲的细节？

生：从动作、语言、服饰、情感四个方面分析了父亲浦口送别儿子感人的细节。

课堂要开放，"放"什么？把课堂还给学生，把时间还给学生，把空间还给学生，把权利——提问权、质疑权、工具权、总结权还给学生。可能正是因为这种开放，整节课有三次"意见不一致"，第一次关于"是否感动"，第二次关于"作者是否感动"，第三次关于"四次流泪都是看到背影后的感动吗"。

师：是的。那么第二、三次，哪一次更感动？同桌间再交流。（约1分钟）

生：我们俩意见不一样，能各自说说吗？

师：当然。

生：我认为第二次更感人，几个动词，前面已经分析过了；最重要的是，这是课文题目《背影》的由来。

生："背影"应该是泛指这一次送别看到的父亲的"背影"，不是单指那一次。你看——"等他的背影混入来来往往的人里，再找不着了，我便进来坐下，我的眼泪又来了。"这里的"混"，不仅说明人多，也能看出"我"的眼睛是紧紧盯着父亲的,叫"目送"吧。尤其是"再找不着了",有无限的悲伤在其中。

生:我赞同第二位同学的意见,第二次是感动于父亲买橘子的艰难,是对于"事"的感动;第三次是感动于父亲离开自己视线的一种惆怅,甚至还有懊悔。

这样的比较、分析,若非学习方式改变是断难出现的效果。"应该说'我最不能忘记是他的背影'和'在晶莹的泪光'中所见的'背影',还包括父亲'混入来来往往的人里'的影像。"[①]

陈隆升博士把学情分析分为三个阶段:一是教学设计,即分析学生的学习起点,并依据学习起点确定教学目标,选择教学内容和教学方法;二是教学实施,即组织学习活动,关注学习状态;三是课堂评估,即对学习结果进行评估,并依据评估情况调整计划。如此循环。[②] 这"三循环模型"其实就是在提醒我们课堂要"贴着学生飞"。但"贴着学生飞"不是"迁就学生飞",那样的话,只能是低空飞行,是看不到文本壮丽的景色的。文本的解读、课堂的结构、多重的对话、问题的生成、学习的方式,诸多方面的"贴着学生飞",让我们看到了师生在课堂里那种难以遏制的生长。

【现场感受】

一堂值得玩味的语文课

有幸与全校语文教师一起观摩了江苏省镇江市外国语学校王益民老师执教的《背影》一课,可谓受益匪浅,不禁拍手叫绝。这是一堂纯正高效的语文阅读课,朴实无华,却无时无处不体现出一个语文人的语文情怀;课堂

---

① 杨正勇.让父亲的"背影"转过身来[J].贵州师范学院学报,2013(4).
② 陈隆升.语文课堂教学研究:基于"学情分析"视角[D].上海师范大学,2009.

散发的浓浓的语文味好似一杯幽雅细腻、回味悠长的茅台佳酿，又似香气浓郁、甘醇爽口的西湖龙井，令人神清气爽，回味无穷。

一、教学目标清晰准确，教学任务简约适中

王老师以品文中令读者、令"我"感动的细节为教学内容，通过挖掘文中的多处细节（包括动作、语言、服饰、情感四个方面），让孩子真切地体会文中的父子深情。教学内容的集中为孩子们的学习赢得了时间，孩子能充分地抓住文中的多处细节反复玩味，与"我"多次形成共鸣，很好地达到了预期效果。

二、课堂主线清晰明了，教学流程流畅自然

课堂上王老师首先听写了"狼藉、踌躇、蹒跚、橘子、颓唐、惦记"六个词语，然后让孩子们用上这六个词语概括文章的主要内容。接着询问孩子们预习了课文是否感动了（多数孩子感动了），并以此为切入点，让孩子们自己或小组找令自己感动的细节，且要在文中找依据。为了深入体会文中浓浓的父子之情，教师设问：散文中的"我"感动了吗？进一步激发了孩子们的探究欲望。总之，王老师以引领孩子品读感动的细节为主线，通过几个简洁的问题串起教学的各个环节，孩子们的思维、情感体验渐入佳境，结束时把课堂推向高潮。

三、师生关系和谐亲密，课堂对话精彩纷呈

王老师已近天命之年，虽与孩子们年龄差距大，但课中王老师的睿智、博学、幽默赢得了孩子们的青睐。王老师一句句关切的话语，一个个温暖的眼神，一次次恰如其分的点评让孩子们在心理上有了极大安全感。课中王老师从未打断孩子们的发言，只作必要的提示和引导，充分体现了教师是平等中的首席，孩子是教学的主体的理念。有人说课堂的本质是对话，王老师在课中充分践行了这一理念，对话形式多样而不做作。有孩子与自己对话、有生生对话、有师生对话、有生本对话，一次次对话是一次次思维的碰撞，是孩子智慧火花的闪现，课堂也因此而精彩纷呈。

四、学法指导细致灵活，材料助推恰切有效

脚踏实地培养孩子的语文技能是语文教师义不容辞的责任，在本堂课中王老师作了很好的示范。如王老师让孩子说为什么感动，提示孩子在原文中找依据，并要求圈点勾画，这是教给孩子阅读的一般方法；又如品文中令孩子感动的细节，教师以"他再三嘱咐茶房，甚是仔细"为例，设置了三个递进的问题——"怎么'嘱咐'？""'嘱咐'得怎么样？""这句话的细节在哪里？"（"再三""仔细"），一步步指导孩子学习怎么抓关键词语，多问为什么来品析细节。在此示范的基础上，王老师接着让孩子自主品析感人的细节，最后组内合作品析。不得不说，王老师在学法指导上细致而不呆板，灵活而不虚幻。课中王老师还适时引用材料，给孩子搭建学习支架，对孩子理解文本，体悟情感起到了有力的助推作用。全课共引用材料三处，十分恰切，尤以第三处最令人称道。这一材料的引用让孩子真切地体会到了这对父子情感的坎坷复杂，他们的确"爱得隔膜、爱得惭愧、爱得沉重、爱得痛苦"。就连课前不怎么感动的孩子读了这则材料，结合前面的细节品读也感动了。

总之，无论从课程意识还是师生关系，从学法指导还是目标达成来看，这都堪称一堂纯正、高效、精彩的语文课，很好地诠释了阅读课教什么、怎么教的问题，给广大一线教师提供了一堂阅读课的范本，值得把玩借鉴。

（陈德鹏，重庆市长寿区石堰中学）

【专家点评】

教出语文的宽度、温度和深度

现场观摩王益民老师《背影》展示课之前的两个月，我一直在关注着期刊和网络上针对韩军老师的《背影》公开课而展开的各种论战。我以为，李

华平先生和韩军老师的观点交锋，绝大多数情况下，并未形成真正意义的对话。因为，两位先生探讨的《背影》课案，在内涵与外延两方面，均不具备相同的意义价值。李华平先生谈的是八年级课文《背影》的教学，韩军先生谈的是朱自清散文《背影》的赏读。李先生要求《背影》的教学，既体现鲜明的课程属性，又充分尊重八年级学生的认知能力；韩先生的《背影》教学，则侧重于展示个性化的文本意义认知和个性化的文本解读能力，至于课堂上的学生属于哪一个年级，却无关紧要，可以是初中生，可以是高中生，也可以是本科生、博士生，或者一切可能与《背影》文本阅读有关的人员。

倘若现行的语文教材确已形成严谨完备的知识体系，那么，《背影》作为一篇课文，其承载的教学任务，必然相对固定。该教什么，不该教什么，只能服从于既定的课程目标。遗憾的是，现行教材的文选式结构，过分弱化了文本的课程属性，以至于任意一篇课文，似乎都可以像独立文本一样，具有意义认知上的无限可解读性。相当数量的语文教师，或许正是基于这样的认知，才在有意无意间将一篇篇课文等同于一篇篇独立文本，只注重该文本的内在文学价值、情感价值以及思想价值的教学效益最大化，忽视了语文教学的整体性建构。

但这不等于说现行教材就真的全无体系。事实上，初中教材中的叙事性文本，与高中教材中的叙事性文本，总是存在着教学目标上的太多差异。文本的深度鉴赏，更多情况下，属于高中阶段语文学习的重要教学任务。而初中阶段，应以理解与分析文本内容为重。比如《背影》这篇课文，将其放在八年级教材中，与放在高中二年级教材中，尽管课文中的每一个字都完全相同，但绝不能用完全相同的教案来组织教学。因为，学生的理解力不同，课程预设给该课文的教学任务也不同。这一点，我相信，语文教师都能够认同。

厘清了独立文本和课文的差异性，再来看王益民老师的《背影》展示课，才能够形成客观公允的评价。王老师的这节课，教的只是作为八年级课文的《背影》，面对的也只是八年级的学生，故而，课堂上的一切活动，都只是为了引导八年级的学生，借助《背影》这个文本，强化提炼故事情节的能力，强化细节鉴赏的能力，并借助适量的拓展迁移，培养结合相应的背景材料深入探究文本情感的能力。这样的课堂教学，宽度、温度和深度兼而有之。

一、宽度：尊重课程，尊重学情

王益民老师的《背影》展示课，由四大教学环节构成：

（1）听写六个词语，并要求学生用这六个词语，串联起课文的主要情节。

（2）针对"文中的父亲哪些细节让你感动"这一预设问题，组织学生细读课文，赏析相关语段。

（3）以"'我'感动了吗"为线，串联起对"我"这一形象的分析。其中，重点探究文中的四次流泪。

（4）以"既然如此感动，当初为什么不写《背影》？一直到1925年，即八年后才写下《背影》"为切入点，借助适当的拓展，引导学生了解文章的创作背景与创作意图，从知人论世的层面，深入理解课文中的情感。

这四环节的教学内容中，王老师的着力点，落在第二和第四两个环节，其中第二环节的教学几乎占用了课堂的一半教学时间。很显然，细节鉴赏构成了本课时教学的核心教学目标。

这样的教学安排，如果移植到高中的课堂上，前三个环节的内容，无疑缺乏深度，但用在八年级的课堂上，却是恰如其分的。八年级上册第二单元的单元说明中，对本单元的叙事性文本教学预设的核心教学任务，就是要求学生感受课文所表现的"爱"，了解叙述、描写等表达方式，揣摩记叙文语言的特点。王老师的教学安排，正是为了将这样的单元教学任务，落实到具体的课文教学中。王老师准确丈量出八年级课文《背影》的教学"宽度"，其课堂上的各种活动，自然也就不会"荒了自家的田，耕了别人的地"。

作为知名的语文教师，王益民老师并不缺乏在课堂教学中另辟蹊径的能力。他所预设的第四教学环节，就是有力的证据。如果只为了课堂教学的新颖与好看，只为了彰显教师的文本深度解读能力，王老师完全可以弱化甚至撇开前三个教学环节，像大多数名师那样，寻找一个最出人意料的切入口，上一节新鲜别致的文本鉴赏课。但他显然明白，他所面对的《背影》，只是中学语文知识链条上的一个部件，身为语文教师，他必须把这部件承载的课程目标落到实处。

很长时间以来，各种类型的公开课上，愿意扎扎实实落实课程目标的语文教师越来越少。授课教师们如同八仙过海，尽显各自的神通，把一节节课演绎得绚烂夺目。然而，细细品味便可发现，那些精美至极的课，潜在的听众却不是课堂上的学生，而是听课的教师与评委。授课者知道听课的老师或评委见多识广，唯恐常态化的教学调动不了他们的听课兴趣，当然只能使出浑身解数，尽力给听课者带去情感与认知上的多重冲击。

但语文终究是一门课程，学生才是真正的学习主角。教师可以若干次研读一个教学文本，学生却只有一次课文学习的机会。要让这唯一的一次学习机会发挥应有的学习效应，教师只能舍弃一切的表演，引导学生走进文本深处，细细地咀嚼，慢慢地品味。这是对课程的尊重，对学情的尊重，也是对教学以及教育的尊重。

二、温度：巧引妙联，激活思维

学习的本质，不在于"学得"，而在于"习得"。"学得"很简单，懂得倾听，即可完成；"习得"很复杂，倾听之外，还需实践。"学得"获取的，多为静态的、孤立的知识；"习得"拥有的，多为动态的、能够不断生成的能力。

王益民老师的课堂，贯穿始终的，多是"习得"。比如，第二环节的细节鉴赏中，当学生一开始对如何鉴赏缺乏理性的认知时，王老师并不是简单地告知操作方法，而是不断地用问题来启迪学生思考，让学生自己发现应有的鉴赏方法。如此，学生在后面的鉴赏过程中，也就有了属于自己的思考范式。

在一些看似简单的问题上，王老师巧妙运用了适度迁移的方法，有意创设出"陌生化"的问题情境，也极好地激活了学生的探究欲望，让"习得"更具情趣性。比如，当学生对"感动"的理解只停留在表层意义上，无法走向深入时，王老师及时抛出了"1915年：父亲给儿子包办婚姻，儿子生气。1916年：儿子考上北大，把名字'朱自华'改为'朱自清'，老爸很生气"这一资料，引导学生重新审视父子间的情感。这个问题，学生们预习时，仅凭课文无法知晓，自然也就难以真正读懂朱自清的内在情感。有了老师的拓展资料，学生们就不得不重新审视预习时的原初认知，与文本进行新一轮的阅读对话。

下面引用的一个课堂片段，可以证明运用迁移激活思维的重要价值：

生：我们这一组推荐这个细节：第6段，"他用两手攀着上面，两脚再向上缩；他肥胖的身子向左微倾，显出努力的样子"，用了四个词"攀""缩""微倾""努力"。父亲不顾自己身体的实际情况，亲力亲为，大有一种为儿子可以赴汤蹈火的意思。所以很感动。

生：我来补充下，越是吃力，爱就越深。更何况是在父子关系有点紧张的情况下。这个"背影"，是电影中的定格，当初定格在"我"的心中，后来定格在每一位读者的心中。

后一位学生在感知爬月台的动作时，结合了父子关系紧张的背景进行思考，读出来的情感，自然就更为复杂和深刻。

值得强调的是，当下的课改活动中，很多老师为了追求课堂的温度，几乎把课堂的所有问题都交给学生自主发现，合作探究。这样的课堂，热闹固然有，宽度和深度，却都会出现问题。课堂的真正的温度，其实不在于"小手高举，小脸通红"，而在于"思接千载，视通万里"。要把后者落到课堂的实处，离不开教师的巧妙引导和适度迁移。王益民老师深得课堂温度的营造之道，故而，他总是在学生的思维阻滞处，及时抛出一两则精当的资料，将学生引领到合理的思维轨道上，然后躲到一旁，静静地体味学生的思维成果，并为之鼓掌加油。

三、深度：走进心灵，润泽生命

语文课从来不拒绝对生命的关照，因为，几乎所有的叙事性文本，都离不开生活与生命的意义阐释这一主题。只是，沉重的主题，并非一定要上升到形而上的哲学层面。借助于文本细读、适度拓展和主题对话，唤醒学习者的内在情感体验，同样可以达成走进心灵、润泽生命的教学效果。

王益民老师这节课，自始至终有一个强大的"生命场"。这个"生命场"，与主题意义的灌输无关，亦与教学技法的运用无关。王老师舍弃了多数老师执教《背影》时常用的煽情招式，不以引导学生感悟浅层次的亲情为目的，而是要通过翔实的资料，在文本细读中，倾听亲情中的杂音，品味亲情中的苦涩。这样的文本鉴赏，自然不是常规意义上的心灵鸡汤，而是一种厚重却又不失隽永的生命诗篇。

对于八年级的孩子而言，"爱得隔膜、爱得惭愧、爱得沉重、爱得痛苦"的父子情感，其实并不陌生。八年级的孩子，正处于成长叛逆期。两代人之间的情感隔膜，常常作用于具体的生活琐事。然而，孩子们在写作表现亲情的作文时，大多会有意无意地遮蔽了这些矛盾与隔膜，然后虚拟出一些无比温馨的场景。这种不实的文风，完全是孩子们情感认知错位的结果。

这节课的结尾处，最初对《背影》"不怎么感动"的那个学生，已经能够从课文中读出了"不一样的父爱"，感受到了文本中隐藏着的"曲曲折折的父子情"。最初便心有所动的学生，也丰富了感动的内容，对课文有了更深层次的理解。学生们的这份学习收获，已经超越了简单的汉语知识积累、阅读能力培养和写作能力提升等基础性课程目标，上升到了感悟生活、丰富人生体验的情感高度。更重要的是，这样的感悟，不是来自教师的灌输，而是来自学生的习得，来自灵魂与灵魂的对话。

由王老师的课堂深度，我想到了不少公开课的"深度"。现在，有很多的公开课，偏好于在文本信息之外，另寻其他材料辅助教学。我认为，那样的"深度"，只是脱离了课程目标的随意拓展。要知道，拓展是为了更好地理解文本，而不是为了显示教师的阅读面。王老师的精彩，正在于他的课堂拓展，绝无哗众取宠的噱头，全为打开思维之门的钥匙。这样的深度，不是用来展示教师的学问之深厚，而是用来开掘学生的精神空间。

置身在王益民老师的教学现场，我所收获的各种教学信息，其实远远超过他所呈现的这个课堂实录。课堂上的那些期待与启迪，交流与碰撞，妙悟与深思，都如巨大的魔棒，牵动着我的情感。最近十年来，我始终致力于追寻语文课堂教学的宽度、温度和深度，也为之进行了若干次公开教学的实践。我在王益民老师的课堂上，不断寻找并发现自身课堂的影子。也正是这样的价值认同，才促使我在完成听课任务后，还乐意于反复咀嚼该课中的诸多细节，并主动向王益民老师请缨，评说他的这个课案。我知道，评王老师的课的过程，其实就是我梳理自己的教学观的过程。

感谢王益民老师呈现出的精彩课堂。

（刘祥，特级教师，江苏省仪征中学）

可以这样教《沁园春·雪》

课堂提要：词《沁园春·雪》怎么教（学）？音乐艺术中有一种叫作"复调音乐"，它是指作品中含有两条以上（含）独立旋律，通过技术性处理，和谐地结合在一起。本节课的朗读教学也是双线叙事风格，一条线是朗读线，另一条线是品读线。双线并行、互为印证，形成了《沁园春·雪》一课的"复调音乐"风格。

【课堂实录】

朗读涵泳滋味长

时间：2014 年 10 月 23 日下午
地点：江苏省泗洪县明德中学
班级：明德中学八年级某班
活动：江苏省宿迁市初中语文名师大课堂展示

一、检查预习

师：我们今天要学的课文题目是？

生：《沁园春·雪》。

师：这是一首词，"沁园春"是？

生：词牌名。

师："雪"是？

生：题目。

师：这首词我们已经进行了预习，下面来检查一下读音，请大家齐读一下，每个词两遍。（屏显）

莽莽、一代天骄、风骚、蜡象、分外、竞折腰、成吉思汗、数风流人物、还看今朝

（生读。）

师：这些字词的读音和字形有哪些需要特别注意的？

生："一代天骄"的"骄"是马字旁。

师：如何与"江山如此多娇"的"娇"区别开来呢？"天骄"，"天之骄子"的缩称。我们可以这样区分：汉人称匈奴人为"天之骄子"，匈奴是个马上民族，是马字旁；"多娇"的"娇"是"娇美"的意思，是女字旁。两个是形近字。

师：用红色标出的字是？

生：多音字。

师："竞折腰"的"折"还有两个读音。

生：一个是 zhē，还有一个是 shé。

师：组词。

生：折断、折腾。

师：这首词的作者是？

生：毛泽东。

师：关于毛泽东大家了解哪些？

生：毛泽东（1893—1976年），伟大的无产阶级革命家、政治家、军事家、理论家。字润之，湖南湘潭韶（sháo）山人。

师：毛泽东还是一位诗人，一位政治家诗人，一位诗人政治家。他一生创作了七十多首诗词。这一首首诗词是播撒在毛泽东坎坷心路上的心灵花

朵。(屏显)

这首词写于1936年2月。遵义会议确立了毛泽东在全党全军的领导地位。毛泽东率长征队队胜利到达陕北之后,领导全党展开反抗日本帝国主义侵略的伟大斗争。在陕北清涧县,毛泽东于一场大雪之后攀登到海拔千米、白雪覆盖的塬上视察地形,欣赏"北国风光",过后写下了这首词。

师:我们朗诵这首词基本的感情基调应该是?

生:高兴/气魄/豪迈/自信。

师:我们来看李煜的《虞美人》(屏显),这首词的感情基调应该是?

春花秋月何时了,往事知多少。小楼昨夜又东风,故国不堪回首月明中。雕阑玉砌应犹在,只是朱颜改。问君能有几多愁,恰似一江春水向东流。

生:低沉、凄凉的。《沁园春·雪》应该是豪迈、自信的。

师:"豪迈",《现代汉语词典》的解释是:气魄大,勇往直前。我们这节课就来通过"诵读",感受诗人毛泽东的这种"豪迈、自信";通过"品析"来解读毛泽东的这种"豪迈、自信"。

二、诵读品味

1.读出"豪迈、自信"的感情基调

师:读好一首词,首先要掌握好感情基调,我们来试一试。

(生齐读。)

师:豪迈吗?自信吗?

生:不大豪迈。

2.读准句中停顿和层次抑扬

师:没关系。我们再看。第二点:读准句中停顿和层次抑扬。王老师这里根据方明老师的朗诵划分了一下节奏,我们试着齐读一遍,还要注意表达出词的豪迈风格。

(一生读。)

师:句中的节奏有了,词的层次节奏还没有。(屏显层次节奏,并试着与生一起区分。)

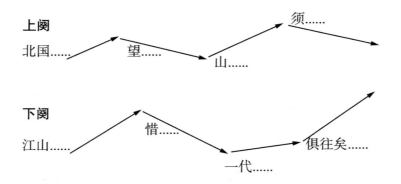

师：没有对比就没有音乐，没有对比就没有词，没有对比也就没有词的诵读。请一位同学读第一句话。

生："北国／风光，千里／冰封，万里／雪飘～。"

师：只有"五百里"。重音在"北国""千里""万里"要轻一些，形成对比音，"飘"要读出雪花飘舞的轻盈来。请你再来一遍。

生："北国／风光，千里／冰封，万里／雪飘～。"

师：（范读）"北国／风光，千里／冰封，万里／雪飘～。"

3.读好领起词的延长音

师：诵读的第三点是读好领起词的延长音，这首词分上下两阕，每阕四句，共有四个领起词。在诵读的时候要短暂停顿，请四位同学来示范一下，读完整的一句。

生：望～长城内外，惟余莽莽；大河上下，顿失滔滔。

（师范读"望～"。）

师：毛泽东在上阕中"望"到了哪些景物？这些景物从气象上看有怎样共同的特点？

生：长城、大河。

师：还有。

生：山、原。

师：山脉、高原，连起来称"脉"。

生：这些景物的共同气象是"磅礴"。（师板书：气象磅礴。）

师：你从哪些词看出来的？

生：从"惟余莽莽""顿失滔滔""舞银蛇""驰蜡象"看出来的。

师："一切景语皆情语"，毛泽东选用这些景象表达了诗人怎样的情怀？

生：宽广。

生：豪迈。

师：都有道理。一千多年前的柳宗元，也曾描写过浑莽雪飞的大世界。

生："千山鸟飞绝，万径人踪灭。孤舟蓑笠翁，独钓寒江雪。"

师：那是个孤寂死灭、了无生气的世界。在毛泽东的笔下，被冰雪覆盖的世界不是沉寂的，而是生机盎然的。如此想象，非胸襟雄阔之人不能为之。（板书：胸襟雄阔。）

师：那么，诗人毛泽东描写这些景物采用了哪些方法？用自己的话描绘一下这些景象。

生：比喻、拟人、夸张、对偶。看那长城的内外，只剩下白茫茫的一片了；黄河也冻结了，失去了滔滔的气势；山脉像舞动的白蛇，高原像奔驰的白象。

师：很好。我们再来看看第二个领起词。

生：须～晴日，看红装素裹，分外妖娆。

（师范读"须～"。）

师："须"是什么意思？

生：等到。

师：还没有真的来到，既要读出"要等到"，更要读出"一定会到"的意味。什么样的"妖娆"的江山呢？（出示图片后，面对图片齐读"须晴日……"）第三个，"惜"。

生：惜～秦皇汉武，略输文采；唐宗宋祖，稍逊风骚。

（师范读"惜～"。）

师：是呀，"江山如此多娇"，这"多娇"的江山上演过一幕一幕惊心动魄的历史壮剧，又"引无数英雄竞折腰"，哪些英雄？

生：扫六合，并诸侯的秦始皇。征匈奴，派张骞出使西域的汉武帝。江山一统，成巍巍大唐气象的唐太宗。再统华夏的宋太祖。策马弯弓、驰骋草原，建立横跨欧亚大陆的帝国的成吉思汗。

师：他们来了，穿透厚厚的冰雪从古老的黄土地里破土而出。但毛泽东只用了一个字，予以了点评，哪个字？

生："惜"。

师：这个"惜"是什么意思？

生：惋惜。

师："惜"可以组词惋惜、可惜、痛惜、吝惜、怜惜、爱惜；《说文解字》的解释是"痛也，从心"。这个"惜"应该解释为"痛惜"。

师：这一"惜"字，包含了诗人毛泽东对五位帝王怎样的评价？

（生思考，师巡回指导。）

生：痛惜他们缺少文化。

师：哪些词看出来的？

生："文采""风骚""弯弓射大雕"。

师：惜中含贬。（板书：惜中含贬。）

生：也有肯定的意思。

师：说说看。

生："略输""稍逊"是说他们只差那么一点"文治"，一点不差的是他们的"武功"；还说成吉思汗是"天骄"。"引无数英雄竞折腰"是说他们是英雄，准确地说是英雄中的英雄。所以，毛泽东在批评的同时也有表扬。

师：准确。惜中含褒。（板书：惜中含褒。）你是如何理解毛泽东的"风流人物""还看今朝"这个观点的？

生：对当代英雄的歌颂。

生：体现了毛泽东的自信。

生：新的历史、新的使命。

师：看来"惜中还寓志"。（板书：惜中寓志。）一首词，起结最关键，《沁园春·雪》的结句是一笔超历史，一笔见精神，一笔显魂魄，一笔动世界。

生：俱～往矣，数风流人物，还看今朝。

（师范读"俱～"。）

师："俱"字又有怎样的气派？

生：不问过去，只看将来。十分自信。

师："自信"什么？

生：未来是属于人民的！"还看今朝"嘛！

4.读出韵脚的顿音

师：诵读的第四点是读好韵脚的顿音。词的韵脚是指词的每句话的最后一个字，它们是押韵的。这首词韵脚是？

生：飘、滔、高、娆；腰、骚、雕、朝。

师：押"ao"韵。诵读时要一字一顿，读出顿音。哪位同学示范一下？

生："欲与天公—试—比—高。"

生："分外—妖—娆。"

生："只识弯弓—射—大—雕。"

生："还看—今—朝。"

5.读对过渡句的感叹、感慨语气

师：词上下阕有一个过渡句。

生：江山如此多娇，引无数英雄竞折腰。

师：这一句在朗读的时候应该是怎样的语气？

生：无限感慨。

师：你试一下。

生："江山如此多娇"。

师：所以，还要读对过渡句的感叹、感慨语气。看这个"娇"字，特别有意思，我们来比较下。（屏显）哪位同学来说说毛泽东的用意？

江山如此多娇

我失骄杨君失柳（《蝶恋花·答李淑一》）

生："江山如此多娇"，这个"娇"是娇媚的意思，江山可爱，才有无数英雄好汉去抢江山。第二个没想出来。

师：杨开慧是女中豪杰，毛泽东——

生：为她骄傲！

师：你们看看，这两处如果换过来，意思也讲得通。但就没有味道了，这就是语言的魅力。齐读一遍。

生：江山如此多娇，引无数英雄竞折腰。

三、总结

师：我们来总结这首词的朗诵要领。读——（屏显）

读出"豪迈、自信"的感情基调；读准句中停顿和层次抑扬；读好领起词的延长音；读出韵脚的顿音；读对过渡句的感叹、感慨语气。

师：下面让我们根据角色分工一起来诵读一遍——

（女领）北国风光，千里冰封，万里雪飘。（男合）望长城内外，惟余莽莽；（男合）大河上下，顿失滔滔。（男合）山舞银蛇，原驰蜡象，欲与天公试比高。

（女合）须晴日，看红装素裹，分外妖娆。（男领）江山如此多娇，引无数英雄竞折腰。（女合）惜秦皇汉武，略输文采；（女合）唐宗宋祖，稍逊风骚。（男合）一代天骄，成吉思汗，只识弯弓射大雕。（轮读）俱往矣，数风流人物，还看今朝。

师：下课！

【教后反思】

朗读教学的复调音乐风貌特征

《沁园春·雪》是笔者2008年的全国性语文课堂大赛参赛课，再选此文，除教学进度因素外，更旨在检视自己几年后有没有"越而胜己"。

这节课的朗读教学从五个方面进行训练与指导：一是读出"豪迈、自信"的感情基调，二是读准句中停顿和层次抑扬，三是读好领起词的延长音，四是读出韵脚的顿音，五是读对过渡句的感叹、感慨语气。五个方面的训练结束后，全班起立，在管弦乐《红旗颂》（节选）的渲染下领诵、齐诵全词。

据笔者观察，初中语文课的朗读教学存在四种偏向：一是没有或少有朗读教学，对朗读教学认识有偏差；二是停留在"读一读"的感性层面；三是朗读指导有偏差，如纯技巧的传授；四是把朗读教学孤立在文本分析之外，为朗读而朗读。音乐艺术中有一种叫作"复调音乐"，它是指作品中含有两条以上（含）独立旋律，通过技术性处理，和谐地结合在一起。本节课的朗读教学便采取了双线叙事风格，一条线是朗读线，另一条线是品读线。双线并行、互为印证，形成了《沁园春·雪》一课的"复调音乐"风格。

应该说，把握词作的感情基调是朗诵好《沁园春·雪》的第一步。在复调音乐中有用对比方法写的，称"对位音乐"，即对位式的复调音乐，如钢琴独奏曲《牧童短笛》。我出示了李煜的《虞美人》进行"对位"。我问学生，这首词的感情基调应该是？学生说是"低沉、凄凉的"，并说《沁园春·雪》应该是"豪迈、自信的"。感情基调的对比，一下子就让学生记住了这首词朗读的风格应该是豪放型，而不是婉约派的。

"读准句中停顿和层次抑扬""读出韵脚的顿音"则采取另一种形式。词的节奏是固定的，只要告知学生即可，层次的"抑扬"采用箭头图示法，上、下阕各四句三个层次基本呈"扬—抑—扬—抑""扬—抑—扬（略）—扬"的节奏。学生按照这种节奏和基调进行朗读训练，很快就摸清了词作的基本旋律。用衬托的方法所写的复调音乐，称"支声复调"或"衬腔式复调"，民族民间音乐中便常用衬托、填充、呼应、加花等手法，如侗族民歌《向阳花开朵朵红》。读"韵脚顿音"就完全通过朗读的训练，是一种"主调音乐"。

在指导"读好领起词的延长音"的时候，除了让学生不断体会上、下阕"望长城内外"的"望"和"惜秦皇汉武"的"惜"这两个"延长音"的效果外，更有如下提问：词人"望"到了哪些景物？这些景物有怎样的共同特点？表达了诗人怎样的情怀？学生经一番讨论，再辅以师生对话，明确了词作"望"到的是一派雄浑的景象，表现出的是词人博大的胸襟和"气吞万里如虎"的壮志。如此品读，让读好"延长音"更加理性。接着又用柳宗元《江雪》（"千山鸟飞绝，万径人踪灭。孤舟蓑笠翁，独钓寒江雪"）的孤寂景象与"长城、大河、山脉、高原"组成的宏大的意象群再次进行对比，形成了对于"延长音"朗读的深刻理解。

下阕的"惜"这个延长音则有如下品读:"惜"可以组成词语惋惜、可惜、痛惜、吝惜、怜惜、爱惜等;《说文解字》的解释是"痛也,从心"。"惜"蕴含了怎样的情感密码?最后老师总结出了"惜中有贬""惜中有褒""惜中寓志"的结论,再次将朗读与品读相结合。

"江山如此多娇,引无数英雄竞折腰"是全词的过渡句,十分关键,我提出了"读对过渡句的感叹、感慨语气"的朗读要求。我从"娇"字入手,"江山如此多娇",为什么是"娇"而不是"骄"?这是一种艺术反差的手法,正透露了毛泽东的诗学追求——颠覆传统的古典话语,赋予其崭新的时代内涵。"将自然之美、女性之美赋予政治内涵,又用阴柔之美表现政治宏图的阳刚之美。"(孙绍振,《严酷美的颂歌》)我举毛泽东《蝶恋花·答李淑一》中"我失骄杨君失柳"中的"骄"进行对比品读。

本课的教学实现了朗读技巧训练和词作品读的协调进行。在横的关系上,复调音乐各声部的节奏、力度、强音、高潮、终止、起讫以及旋律线的起伏等,不尽相同而且各自有其独立性;在纵的关系上,各声部又彼此形成良好的和声关系。本节课从横的关系上看,五个朗读技巧和品读方法各自独立;从纵的关系上看,两者互为补充,互为印证,没有主次之分,也有良好的"和声"关系。这种"和声",相对于单旋律的朗读教学或品读教学,通过对位法则结合在一起形成双旋律性声部的叙事风貌。

【现场感受】

放低姿态,刹那花开

这次有幸聆听了王益民老师的一节课《沁园春·雪》,不禁心潮澎湃,感慨颇深。一节课,我仿佛徜徉在语文的海洋中,尽情享受。这节课也让我深刻体会到了为学者的无限魅力!

王老师的温和、低姿态给我留下了深刻的印象,他那温润如玉的素养在这一节课中如清泉般流淌。上课伊始,老师便亲切地与学生对话,拉近了师生之间的距离;指导朗诵时,老师的言行更是亲切,感谢学生教会他停顿,亲自将话筒递给学生,正是这种真诚、这种低姿态营造了宽松的民主对话的环境,打开了孩子们的心门,实现了教学中师生的真正对话。孩子们主动参与,畅所欲言,在交流中碰撞出了灿烂的火花。整节课充满活力,灵动、愉悦、和谐。

这不由得让我想起了另一位可爱的老人——季老。"国学泰斗"的名号他不要,他的拒绝与其他人的唯利是图形成强烈反差。他说:我只是一个文人,一个靠笔杆子写出自己想法的文人。泰斗这称呼我不要!说得何其谦逊与直白!只有这样的人才可以深入我们的心,不是吗?不断地放低自我,将思维的根深深扎入土壤里,不畏蚍蜉撼之,华盖浓密也懂得荫蔽他人。这不正是为人师者要学习的吗?我想起了一句话:"教育,其实很简单:低些,再低些,是为了走得踏实。"拉罗什富科也说:"作为一个人,永远要昂着头做人,低着头做事,这是人的大智慧。"教师要放低姿态、低调做人,从讲台上走到学生中间,在学生面前保持友好的微笑,和学生建立和谐的师生关系,这样学生会由于你的平易近人而喜欢你,从而喜欢你所教的科目。和谐的师生关系能使学生感到快乐,能充分挖掘学生的学习潜力,使课堂气氛活跃、高效。

触及我心灵的还有朗读。朗读是解读诗歌的敲门砖,学生只有对诗歌进行反复诵读,才能真正走进诗的意境中去。这节课以读为主,以读促思,教师一步步地指导学生朗读,一步步看似无痕,却带领学生慢慢进入诗的意境中去。最独具匠心的是王老师用两个折线图标示出各句话的音调变化,抑扬顿挫直观、醒目。老师好似一位指挥家,在指挥着一群演员"大合唱"!朗读形式多样化——范读、男女生齐读、全班齐读,充分调动了全班学生的积极性、主动性。

王老师的朗读我最欣赏,那不仅是朗读,更是一种享受!放低姿态进行高水平的朗读,是对学生进行情感教育的有效方法。叶圣陶先生曾把较高水平的朗读称为"美读",王老师的范读是真正的美读,完全进入了角色,移情动容，再现诗歌中的意境和作者的思想感情。

人们常说：教学是一门艺术，谁能将它演绎得好，谁就能抓住学生的心。于漪也说：教师要善于把学生的心灵引向辉煌。对话式的、低姿态的教学可以更加展示教师自身的魅力，这魅力也必将深深折服学生！

一节课，一份感动，一份体悟！有灯引领着，我，还在路上。

（肖云，江苏省泗洪县育才中学）

【专家点评】

意味深长的简单

王益民老师的这节《沁园春·雪》看起来很简单：内容很简单——学了一首诗；方法很简单——教学生反复读这首诗。从"教什么"和"怎么教"两方面看，都是清清楚楚，简简单单，一目了然。

但是，这个简单又不简单，正如一道清爽的开水白菜，食材是一目了然的，但其中鲜美的滋味却丰富有层次，不是"一目"可以"了然"的，需要细品"如何"，还需要细究"为何"。王老师这节课里也有这样的丰富和层次感。

一、从任务的简单看教学目标的明确聚焦

上课伊始，王益民老师就告诉学生，这节课的任务是：通过"诵读"，感受诗人毛泽东的"豪迈、自信"；通过"品析"来解读毛泽东的"豪迈、自信"。教师知道一节课要干什么，要达成什么样的目标，也让学生知道一节课要学什么，通过什么路径学习，这是非常好的课程意识和教学目标意识。

教学目标是课程目标的进一步具体化，是指导、实施和评价教学的基本

依据。布卢姆说:"有效的教学始于准确地知道希望达到的目标。"王荣生教授说过,现在语文教学最大的弊病就是教师"不知道自己想教什么""不知道自己在教什么""不知道自己实际教了什么""不知道学生实际学了什么",教师对于所教的内容没有明确理性的认识,不从课程角度考量,只是理所应当地"想当然"。王益民老师的这个"示标"环节,正是有意识地祛弊。

语文课程是一门综合性学科,它本身承载的任务很多。《沁园春·雪》是一篇经典佳作,可供挖掘的教学因素很多。一名优秀的语文教师,面对一篇教材,可以设计出若干种教学目标、教学重点、教学方式。但具体到课时和教学情境中,不能面面俱到、兼而有之,必须舍弃或者暂时搁置一些。这时候,教师的智慧在于筛选,教师的勇气在于取舍。而任何教学实录都是真实课堂的文字梳理和再现,不能忽视真实的课堂基础。就是说,评价一个教学实录,把它和特定的教学背景剥离开是不科学的,因为有的课在当时当地,就必须那样上。

分析《沁园春·雪》的教学实录,也是如此。

教学背景因素之一:教材位置。它是苏教版《语文》七年级下册第六单元"诗词拔萃"的第一课《毛泽东词二首》的第一首。单元教学参考目标如下:(1)欣赏、背诵名家诗词,感受诗歌中的形象和表达的思想感情。(2)品味、体悟诗歌生动、含蓄的语言,从中受到感染。(3)通过欣赏、品味,提高文学鉴赏能力。

这节《沁园春·雪》的另一个教学背景因素:借班上课。教师对学生不熟悉,不够了解。匆匆而来,匆匆而去,与学生也缺少课前的沟通。这就决定了在这节课上,教师不宜安排过于复杂的环节,不宜教学过于艰深的内容。

王老师设计的教学目标,简洁、明了,有利于课堂教学明确方向,聚焦一点,能够保证学习活动内在的统一性,破解课堂平均用力、面面俱到而又面面不到的痼疾。在有限的教学时间里,将目标聚焦到学生对《沁园春·雪》中思想感情的理解和品味上来,使所有学生能够充分活动,充分学习,充分思考,整体从容地学会。这个目标表述准确、具体,可操作性强,由单元目标落实到具体文本,指向具体学生。更重要的是,这个目标的主语不是教师，而是学生。这充分表明了教师在预设教学过程的时候，完全是把学生的学习放在了首要位置，所有的预设都是围绕着学生的学展开。2016年9月，"中国学生发展核心素养"框架发布，"学会学习"是六大素养之一。学生如何学会学习？课堂的训练性，教师的引领性，是学校教育所能提供给学生的重要助力。在这节课上，学生不仅学会了诵读、品味这一首词，更是获得了诵读、品味若干首其他诗词的本领，可以随时"举一反三"。王老师的这节课，给学生提供的就是这个高质量的"一"。

纵观这节课，有三个"清"：教师对于学情有清醒的预估，对于所教内容有清楚的认识，对于学生在"最近发展区"可以达成的目标有清晰的设定；有三个"一致"：想教内容与实际落实内容一致，学生所学与教师所教一致，学生的生成与教师的预设一致。从这个角度说，这节课完美地完成了从目标的设定到目标的达成的过程。

二、从方法的简单看教学任务的科学分解

在课文结尾的部分，有这样的片段：
师：我们来总结这首词的朗诵要领。读——（屏显）
读出"豪迈、自信"的感情基调；读准句中停顿和层次抑扬；读好领起词的延长音；读出韵脚的顿音；读对过渡句的感叹、感慨语气。

其实这正是整节课学生的活动总结。因为这节课其实就在做一件事：读。只不过不是单调地读，而是边想边读，边议边读，从不大会读，到读得很好。读，贯穿了整节课。

2011年版《语文课程标准》中强调："各个学段的阅读教学都要重视朗读和默读。各学段关于朗读的目标中都要求'有感情地朗读'，这是指，要让学生在朗读中通过品味语言，体会作者及作品中的情感态度，学习用恰当的语气语调朗读，表现自己对作者及其作品情感态度的理解。"语文课的重要语言实践活动就是读。何况这节课教学文本的体裁是诗歌，咀嚼诗歌语言、体悟诗歌情感，本是诗歌教学的重头戏。王老师在这节课上指导学生诵读，教得很扎实。他的目的就是让学生在诵读实践中，凭借语言材料，理解文本内容，领会思想情感，发现语文规律，生成敏锐的语感，形成运用语言的素养和能力。

请再仔细品味这句话：

"读出'豪迈、自信'的感情基调；读准句中停顿和层次抑扬；读好领起词的延长音；读出韵脚的顿音；读对过渡句的感叹、感慨语气。"

我们不难发现，这几个分句就是课堂开始时那个简单目标的分解，可以视为课堂的子目标。课堂教学目标被分解为几个子目标来分步落实，每个子目标的指向以及落实都服从于总目标。子目标和总目标之间形成一种向心与辐射的照应关系，子目标和子目标之间则体现出一种并列或是承接的关系，整节课活动连贯，层次清晰，逐步推进。

围绕这个学习目标，学习任务分解为：

略读，整体感知——读出感情基调；精读，细节探究——读准句中停顿和层次抑扬，读好领起词的延长音，读出韵脚的顿音，读对过渡句的感叹、感慨语气。这个教学预设尊重了学生的学习心理，遵循了学生感知、理解、表达、评价鉴赏的思维发展的基本规律，始终围绕着学生发展这个中心，为学生活动搭建阶梯，时时处处注意突出学生的学习主体地位。任务分解后，每个子目标都变小了，难度降低了，单位用时缩短了，既容易引起学生的兴趣，又容易集中学生的注意力，还可以让学生多次"跳一跳，摘到桃子"，使学生产生成就感，有助于培养学生的自信心，有利于学生学习动机由浅层到深层的转化。

歌德说："内容人人看得见，涵义只有有心人得之，形式对于大多数人是一个秘密。"的确，整体感知作品的感情基调是较为容易的，所以王老师把课堂的起始环节留给了它。但是作品是如何以形式表达（写出）涵义（这种感情）的，读者以何种形式表达（读出）这种感情，对大多数学生来说，在这节课的起始阶段，还是一个待揭晓的秘密。所以王老师将这个秘密打破、拆开，化大为小，化难为易，化立体为多面，从不同侧面，分步骤地来消解诗歌学习的盲目和茫然，并以亲切的评价、及时的启发、精当的示范帮助学生走出学习中的"愤悱"，让学生通过尝试、体验的过程，学会知识与技能。

比如在下面的片段里，我们可以清晰地看到教师的"教"和学生的

"学"，它们水乳交融，同时推进，构成和谐的乐章。

生："北国／风光，千里／冰封，万里／雪飘～。"

师：只有"五百里"。重音在"北国""千里"，"万里"要轻一些，形成对比音，"飘"要读出雪花飘舞的轻盈来。请你再来一遍。

生："北国／风光，千里／冰封，万里／雪飘～。"

师：（范读）"北国／风光，千里／冰封，万里／雪飘～。"

教学流程设计的科学程度直接影响教学目标的具体落实程度。检测教学效果，必须审视教学过程。在一节诗歌教学课上，学生循序渐进地"读"的过程就是吸收的过程，积累的过程，也是内化的过程。教师之功在于"序"的设计。

三、从思路的简单看教学设计的清晰逻辑

在"诵读品味"这一环节中，教师要求学生读出"豪迈、自信"的感情基调。

师：读好一首词，首先要掌握好感情基调，我们来试一试。

（生齐读。）

师：豪迈吗？自信吗？

生：不大豪迈。

师：没关系，我们再看。

乍一看，学生表现得不好，教师设定的第一个子目标落空了。再仔细想想，这正是教师的高妙之处。首先，通过读，了解这节课学生的学习起始状态。其次，让课堂从学生的"不"出发，让学生在课堂上经历由不知到知、由不能到能的发展过程。也许这是教师备课时的预设，为学生安排了一个愤悱的困境；也许这是教学中自然发生的状况，完全是预料之外的生成。但不管怎样，教师此刻的从容应对都是最合宜的处理方式，是一种教育智慧。有人说："谁不愿意尝试错误，不允许学生犯错误，就将错过最富有成效的学习时刻。"一节好课，一个好教师，一定有勇气、有智慧让学生暴露他们的弱点和空白。

王老师的《沁园春·雪》正是从这样一个点上，巧妙地展开了关于

"读"的教学。

"读"是这节课的起点，读得出豪迈自信，这个起点就高些；读不出豪迈自信，这个起点就低些。由"读"出发，以"读"收束，"读"是贯穿全课的主线，也是学生语文智慧生长的载体。透过课堂上丰富的师生活动，可以清晰地抽取出"读"这条线中"内容感知—语言品悟—方法评鉴—实践运用"的逻辑内核。由了解内容到感受形式，由感受形式到感悟内涵，由感悟内涵到习得方法，层递推进。这完全符合由浅入深、由表及里、由感知感悟到内化吸收，再到运用表达的学习心理发展机制，也体现了学生在课堂上不断提升的完整的、系统性的学习过程。因此，透过"读"这条显而易见的线索，我们还可以析出学生"模糊感知—定点突破—清晰感知—尝试应用"的学习逻辑线路、教师"了解学情—定点突破—定向训练—升格训练"的教学逻辑线路。

正如王老师所说："一首词，起结最关键。"一节课，也是起结最关键。"起"，是对"结"的铺垫；"结"，是对"起"的呼应。一节课虽短，也是一个完整的过程，起承转合，一线贯通，首尾呼应。教师想得清楚，课堂才教得明白，学生才学得有效。

不要忽略这里的"试一试"和"没关系"，这表现了对学生的包容。更可圈点的是"我们再看"这句话，这里不仅表现了对学生的充分等待，还有对自己教学效果的充分自信。学生在这里的"不大豪迈"，到课的结束，确实化作了诵读时声情并茂的豪迈。王老师的课前预设和预料如期实现。透过举重若轻的几个字，看得出王老师的课堂控制力及其背后的教学经验，看得出王老师对自己课堂逻辑线路安排的底气。

在这条线路中，略觉微瑕值得商榷的是：李煜词的呈现。其感情基调与本课要学习的内容形成了对比，然而这个对比对于学习本首词好像也无关紧要。没有李煜的词，同学们已经理解了本首词的感情基调。这种理解可能是一种直觉的、感性的、偶然的认识，但随后教师也没有特别强调"感情基调"是什么，如何判别一个文本的感情基调，没有帮助学生从感性认识上升到理性认识，没有帮助学生形成明确概念，也没有通过练习予以巩固。学习没有因此发生或推进，这个环节就显得突兀和冗余。

课堂是立体的，实录只是教学活动的一个截面。作为现场的听课者之一，我感受到的远远不止于教学实录中的清晰逻辑框架。一节优秀的课，除了设计思路这个重要的"里"之外，还有教师表达艺术的"表"。同一句话，不同的人说出来，或同一个人以不同的方式说出来，效果是不一样的，课堂魅力的高下也由此区分。马卡连柯说过："同样的教学方法，因为语言的不同，结果就可能相差20倍。"在课堂上流动着的难以言传的氛围也是教学效果的决定性因素。王老师虽是借班上课，但是学生踊跃发言，师生交流畅通无碍，课堂渐入佳境，下课之前的诵读气势磅礴，感染了在场的数百听众，这是文字稿所未能完全呈现的。吴祖光当年评价毛泽东的《沁园春·雪》时说："风调独绝，文情并茂，而气魄之大乃不可及。"这句评价用在当天的课堂上，好像也很恰当。

（范晓红，特级教师，正高级教师，江苏省泗洪县教育局教科室）

可以这样教《父母的心》

课堂提要：外国小说《父母的心》怎么教（学）？一是于情节"补白"中感受千回百折的"父母的心"。二是于字里行间体悟财主夫人被忽略的母性光辉。三是于结尾的"还原"中体悟作者对爱的渴望。这是小说的学习方法，一些老师把它当成"散文"，在情感体验上做足了文章，成为"父母之爱"的主题班会了。

【课堂实录】

用心、用情体悟父母的心

时间：2014 年 11 月 22 日
地点：常州高级中学 8 号楼 7 楼"太雷厅"
班级：常州外国语学校七年级（5）班
活动：第六届长三角语文教育论坛

一、情节"概述"，初步感受父母的心

师：孩子们，今天我们要一起学习的是？（生答《父母的心》）文章的体裁是？（生答小说）具体说，是一篇？（生答小小说）也叫？（生答微型小说、千字小说）小小说是相对于（生答长篇小说、中篇小说、短篇小说）而言的。作者是？（生答川端康成）我们来看一则资料。（屏显）

川端康成（1899—1972年），日本小说家。出生在大阪。幼年父母双亡，后祖父母和姐姐又陆续病故，孤独忧郁伴其一生。一生创作小说100余篇。主要作品《伊豆的舞女》《雪国》《千只鹤》《古都》等。1968年获诺贝尔文学奖。1972年自杀。

师：你觉得这段资料哪些信息对你是有效的？

生：我觉得"幼年父母双亡"有助于我的学习，因为这是一篇关于父爱母爱的文章，正好表达了作者对父爱母爱的向往。

师：哪位同学有补充？

生："孤独忧郁"有可能影响他的作品风格。四部小说今后可以借来读。

师：是否真的如此呢？我们待会儿就能见分晓。现在来看看大家预习的情况。哪位同学来认读这一行三个词？（屏显）

读准字音、认清字形：女佣（   ） 褴褛（   ） 酬（   ）谢

（生读，师问字音、字形要注意的地方。）

生：我想讲一下"褴褛"这一词。这个词在这一组中是相对比较难的，我们可以先记偏旁，两个字都是衣字旁，说明都是形容衣服的，而且两个字右侧字都跟读音相近，所以我们可以根据读音和意思来记住这个字。

师："酬谢"在文中出现了两次，第一次出现在哪里？（生找，并回答）如果将一位孩子给财主夫人，财主夫人会有哪些"酬谢"？

生：一百元钱。

师：还有？

生：继承财主的家业。

师：还有？

生：能够过上好日子。

师：再来看一组短语，哪位来读？（屏显）

犹豫不决　难割难舍　无精打采　失魂落魄　失声痛哭

（生读。）

师：请在文中找到这五个短语。（生找）这五个短语都在写谁的情态？

生：父母的。

师：你们发现五种情态有什么趋势？

生：从"犹豫不决"到"失声痛哭"，越来越难过，越来越痛苦。

师：那么请大家根据这三个词语、五个短语"概述"故事情节，先讲给你的同桌听，待会儿请同学讲给大家听。

（同桌间概述。）

师：请一名同学概述给大家听。

生：一个财主夫人在船上遇到一对衣衫褴褛的夫妻，他们有四个孩子，财主夫人让女佣去问能否给她一个孩子，并答应酬谢他们。父亲犹豫不决。当天傍晚，父母带着他们的大儿子来到财主夫人房间，难割难舍大儿子。第二天早上，用二儿子换回了大儿子，父母都是无精打采的。当天傍晚，又用小女儿换回了二儿子，这时候，他们已经失魂落魄了。第二天上午，父母来到财主夫人那儿，失声痛哭，最后要回了小女儿。

师：哪位同学来评点下他的概述？

生：概述得不错。

师：具体说。

生：情节清晰。

师：最大的亮点是点出了"三要""三送"发生的？

生：时间。

师：有一点不足。

生：结尾最好交代下。

师：有头有尾嘛！

师：总之，一句话，这是一个令人心酸的体现"父母的心"的"三送""三要"的故事。

二、情节"补白"，感悟"穷人"父母的心

师：孩子们，刚才我们说了，这是一篇小小说，小小说情节"小小"，但内容却"大大"。这是如何实现的呢？方法很多，有一种方法叫"留白"。

会写吗？

生：会的。

师：我们来看课文第6段，齐读——（屏显）

"这可得谢谢啦……"那位父亲嘴上虽然这么说，但脸上的表情却十分犹豫。最后，他告诉女佣，这事得和孩子的妈妈商量之后才能决定。

师：大家看看第7段（生看），这里省略了什么？

生：省略了父母"商量"的过程。

师：全文"三送""三要"，父母一共"商量"了几次？

生：四次。

师：第一次是送大儿子之前。第二次是？

生：送二儿子之前。

师：第三次是？

生：送小女儿之前。

师：第四次是？

生：要回小女儿之前。

师：第一次商量，他们会商量哪些内容？

生：送不送？送谁？谁去送？

师：四人组前后商量下父母"商量"的内容，请注意，要把父母商量的时候的"纠结"表现出来。几分钟后请小组汇报。（生讨论）

生：他们会这么想：送吧，虽然能得到好处，可是将与亲骨肉分离；不送吧，虽然一家人在一起，但是生活会十分贫困，有可能一家全饿死。总之两种选择都有利有弊。

师：那么最后送了吗？为什么？

生：送了。首先是他们打算把一个孩子送过去，让那孩子过上富裕的生活；其次为了养活剩下来的孩子，才送出去的。

师：那么，父母是心甘情愿地送？

生：不是。他们是迫于家境，才不得不送孩子出去的。家庭贫寒，他们认为自己过不上好日子了，所以要让自己的孩子过上好日子。

师：送与不送，这是个问题，最终还是送了，送谁去呢？如何商量的？

生：一开始，父母意见有分歧，父亲说送大儿子，认为大儿子略懂一点事了，贵妇人给他们报酬，他们要对贵妇人负责。同时，儿子大了，更容易记住亲生父母。母亲说送最小的，小的不懂事，不会记恨亲生父母，并且自己养的成本也会高一些。大儿子很快就能替家庭分担责任了。

师：有没有考虑过先送二儿子或小女儿？

生：可能也考虑过，但最终母亲听了父亲的。

师：送谁都是割自己身上的肉，谁去送呢？我来请一位同学扮演"父亲"，王老师来扮演母亲。

师（母亲）：孩子他爸，你去送吧！我受不了。

生（父亲）：唉，我也不想看到孩子哭呀！

师（母亲）：要不，我们一起去送孩子？

生（父亲）：好，那就傍晚一起去。这样也显得郑重些。我看人家财主夫人是个不错的人。

师：终于迈出了第一步，有些无奈、有些难舍、有些后悔。于是一而再、再而三地"要回"，每次都有一个理由。

生：第一次说大儿子要继承家业。第二次说二儿子长得像死去的婆婆。第三次说小女儿太小，不忍心送走。

师：第四次"商量"，似乎没的"商量"了，因为父母情感上几乎要崩溃。请大家浏览第13—15段，看看从哪些地方能看出来。

生："什么也说不出来""痛哭失声""又哭了""哭着说"。

师：哪位同学把父亲"哭着说"的内容还原出来？（屏显，生读。）

"本来是不应该这么随便说话的。昨晚上我们两口子本来是商量好，说得一妥百妥，决不留恋孩子啦，可是，正因为她太小，所以总担心她是不是会这样那样啦，结果是我们两口子一夜没睡。把那么个无知的孩子给人家，连我自己都觉得这当爹的太冷酷无情。您给的钱我们如数奉还，请把女儿还给我们吧。与其舍掉一个孩子，还不如爹妈儿女一家六口饿死在一起好。"

师：读得很感人。这段话哪里感人？

生："与其舍掉一个孩子，还不如爹妈儿女一家六口饿死在一起好。"

师：为什么？

生：宁愿死，也要在一起。

生：还有"一夜没睡"，痛苦的过程也很感人；"太冷酷无情"，深深的自责也感人的。

师：是的。第一次的商量，虽然纠结，但纠结中透露着理性，到第四次已经"不讲道理"了——"与其舍掉一个孩子，还不如爹妈儿女一家六口饿死在一起好。"或许，爱到极致就是毁灭吧。这就是"父母的心"，"送"也好，"要"也罢，都源于——父母的爱子之心！爱孩子是人的天性，任何外在的因素，包括巨大的利益诱惑和灾难似的贫穷都无法战胜这种美好的天性。

三、情节"还原"，体悟"富人"父母的心

师：那么，面对着父亲的"哭诉"，财主夫人是怎样回答的呢？听老师读一读。（屏显）

财主夫人听了这番话，不由得也跟着悲伤起来，她含着眼泪说："是我不对，老实说，我虽然没有孩子，但你们当爹妈的心我完全理解，而且也羡慕你们。孩子还给你们，钱呢，就算作你们教给我懂得父母的心的酬谢吧。"

师：听完这段，你怎么评价财主夫人？

生：特别的有爱心。

师：具体点。

生："不由得"是情不自禁，发自肺腑。"含着眼泪"，同情别人的处境。

师：有爱心行动吗？

生：有。孩子还给他们了，100元钱还照给。

师：有一句话，叫作爱自己孩子的是人，爱别人的孩子是神。财主夫人是爱别人的全家，就是？

生：上帝。

师：对！上帝。如果说贫穷父母是爱子之心，财主夫人则是？

生：爱人之心。

师：文中还有哪些地方能看出财主夫人的"爱人之心"？大家浏览下文

本，思考下。

生："'当然行！'财主夫人高高兴兴地同意了。"这句话是对财主夫人的语言描写。

师：这句话体现了财主夫人什么样的品质？从哪些地方可以看出？

生：从"当然行"以及后面的惊叹号可以看出财主夫人通情达理，非常爽快。

师：为什么不把提示语写在前面，把财主夫人的话写在后面？

生：这样更能突出财主夫人毫不犹豫地决定，非常果断。

生：我认为文章刚开始的内容中，财主夫人请女佣去向贫穷男子征求意见，也体现了她的爱人之心，她没有直接去询问贫穷男子，因为这样总会有些居高临下之感，未给男子足够的尊重。财主夫人低声吩咐了女仆，让她礼貌地向贫穷男子询问，使贫穷男子能够得到应有的尊重，并开出丰厚的条件，无不体现出她的爱人之心。

师：财主夫人说完这段话后，小说也就结尾了——（屏显：那一家六口终于又团聚了。）这个结尾好吗？

生：好，这个结尾留有了一定悬念，而"终于"一词看出一家人经历波折最后团聚，写得很好。

师：但是，川端康成的真实的结尾不是这样的，想知道吗？

生：想！

（屏显。）

川端康成原文结尾："于是，那位父亲由于那位有钱的妇女帮忙，受雇于函馆的某公司，一家6口过上了好日子。"

生：我觉得原文的结尾比较好，因为它向我们揭示了一个圆满的结局，我们起初读着这篇文章，觉得整体的情感是带着忧伤和哀愁的，使我们不禁为贫苦父母而感到担心，但原文结尾揭示后，我们心中的石头一下子就落了下来。

生：我觉得现在的结尾好。因为现在的结尾不仅总结了上文，写出了经历一番波折后全家人终于团聚，而且还给了我们遐想的空间，让我们仍牵挂着主人公后来的命运，使我们意犹未尽。这使整篇文章更加扣人心弦，更加吸引人。

师：现在你对"财主夫人"有哪些新的认识？

生：财主夫人为使自己的财产后继有人而需要领养一个孩子，此时，她并不真正明白"父母的心"，领养对于别人来说是剥夺。三天，三个孩子的得而复失，便让她有了父母的体验。不仅明白了"父母的心"，更让自己也拥有了一颗"爱人之心"，从而实现了由"风度极佳"的气质到灵魂完美的升华。

师：是的。一个人是否是母亲，并不取决于她是否生育了孩子，而取决于她身上是否有爱人之心。妇女的生育让人类得以香火延续；而爱人之心却让人类成为温暖的人间。

师：我们再来看一则资料。（屏显）

2岁，父亲病逝；3岁，母亲仙驾；7岁，祖母离世；10岁时，唯一的姐姐去世；15岁，祖父辞世——彻底的孤儿。

师：那么川端康成用这个结尾想要表达什么呢？

生：结合一开始老师给我们看的资料、眼前的资料和他的原结尾，我们似乎可以看出川端康成的某种渴望、某种需求。他用一个比较俗的结尾表达了一名"彻底的孤儿"的心理需求。

四、体悟情感，提升对"父母的心"的理解

师：孩子们，你们的理解老师十分赞同。那么，贫穷父母的"父母的心"与财主夫人的"爱人之心"哪个更让你感动？

生：我认为贫穷父母十分伟大，因为那对父母如果有足够的钱去养活他们的子女，尽自己所能把最好的留给他们，这种爱是十分伟大的，但当他们无力抚养时仍对儿女不离不弃直到最后一刻的这种品质更令人心疼地折服。

生：都令人感动，财主夫人爱陌生的人，爱得那样彻底，有佛心。

师：都是人间之爱，父母的心加上爱人之心，就是整个世界。这节课我们通过小说情节的"补白"与结尾的"还原"，深切体会了"爱心"，原来与贫富无关，与至爱相连。下课！

【教后反思】

补白、还原：千回百折的《父母的心》

日本小说家川端康成的小小说《父母的心》（苏教版八年级上册），讲述了一对贫穷父母，他们有四个孩子，在去北海道的船上偶遇财主夫人向他们要一个孩子"继承财产"，父母从一开始的犹豫不决，到先后三次送大儿子、二儿子、小女儿给财主夫人，又三次要回的故事。因其在教材中属于"自读课文"，长期被忽略甚至误读，有人认为这篇小说情节简单、情感单纯，更令人不安的是一些老师把它当成"散文"，在情感体验上做足了文章，有点接近"父母之爱"的主题班会了。如何确定这一课的教学内容？笔者作了如下探索：

一、于情节"补白"中感受千回百折的"父母的心"

小说的文体特征，是绕不开人物、情节、环境的。但是，并非每部小说都要面面俱到地学习。孙绍振先生在《解读川端康成的〈父母的心〉》一文中指出："作者的用力全不在于形容，而在于故事的结构，反反复复，再三反悔，不成理由的理由，蕴含着叠加和对比。"所以，在教学内容的选择上，我拟侧重于"情节"，而不旁生冗枝。但"侧重"，不能流于常规的"开端、发展、高潮、结尾"，这样的物理切割是有损于文本的整体性的。

接受美学理论认为，文学活动存在于"作家—作品—读者"这个动态流程中。三个环节中，最重要的是读者。作家写出文本后，就不再是自己的了，因为对于读者而言，文本潜在包含着许多"不确定性"和"留白"，而它们的意义确定，必须依靠读者的阅读来具体化，把文本转变为作品。作品的价值是作家和读者共同创造的，读者成了文学活动中最活跃的主体。因此，我在小说的情节"留白"处来切入。我们来看看这个教学环节：

师：孩子们，刚才我们说了，这是一篇小小说，小小说情节"小小"，但内容却"大大"。如何实现的呢？方法很多，有一种方法叫"留白"。会写吗？

生：会的。

师：我们来看课文第6段，齐读——（屏显）

"这可得谢谢啦……"那位父亲嘴上虽然这么说，但脸上的表情却十分犹豫。最后，他告诉女佣，这事得和孩子的妈妈商量之后才能决定。

师：大家看看第7段，（生看）这里省略了什么？

生：省略了父母"商量"的过程。

师：全文"三送""三要"，父母一共"商量"了几次？

生：四次。

师：第一次是送大儿子之前。第二次是？

生：送二儿子之前。

师：第三次是？

生：送小女儿之前。

师：第四次是？

生：要回小女儿之前。

小说以情节取胜，小小说更是如此，其特质，一是情节的一唱三叹、一波三折，或者是结尾的"意料之外，情理之中"；二是情节的"留白"。后者的"二次创作"的空间更大，从行动的外表看，是"三送、三要"，"送"也好，"要"也罢，都源于父母的爱子之心，但每次的"送""要"都是一次理性与情感的抉择。文本的意义正是在于省略了"抉择"的过程，让小小说充满着一种川端康成小说特有的淡淡的忧郁与紫色的哀怨。在课堂教学中，"补白"父母的"四次商量"有利于把握贫穷父母面对"过上好日子"与"全家团聚"的两难选择，还有"手背也是肉，手掌也是肉"的情感割舍。

我问孩子们："第一次商量，他们会商量哪些内容？"孩子们答，有三项内容："送不送？送谁？谁去送？"关于"送谁"，一位孩子是这样"补白"的：

生：一开始，父母意见有分歧，父亲说送大儿子，认为大儿子略懂一点事了，贵妇人给他们报酬，他们要对贵妇人负责。同时，儿子大了，更容易记住亲生父母。母亲说送最小的，小的不懂事，不会记恨亲生父母，并且自己养的成本也会高一些。大儿子很快就能替家庭分担责任了。

我曾经问过身边很多的母亲与父亲，他们几乎无一例外地选择送最小的，但贫穷父母为什么要送"大儿子"？这里的一反常态一方面有替人着想的社会责任的"公心"，另一方面有替自己家庭和孩子考虑的"私心"。这种纠结是文本表面看不出来的，只有深入情节、深入人物的内心去"补白"，才能体会得出。"谁去送"？又是一段纠结：

师：送谁都是割自己身上的肉，谁去送呢？我来请一位同学扮演"父亲"，王老师来扮演母亲。

师（母亲）：孩子他爸，你去送吧！我受不了。

生（父亲）：唉，我也不想看到孩子哭呀！

师（母亲）：要不，我们一起去送孩子？

生（父亲）：好，那就傍晚一起去。这样也显得郑重些。我看人家财主夫人是个不错的人。

四次"商量"，孩子们一一"补白"出；当然，方法有别。第一次的商量，虽然纠结，但纠结中透露着理性，到第四次已经"不讲道理"了。终是爱子之心完美胜出。爱孩子是人的天性，任何外在的因素，包括巨大的利益诱惑和灾难似的贫穷都无法最终战胜这种美好的天性。父亲说，"与其舍掉一个孩子，还不如爹妈儿女一家六口饿死在一起好"，或许，爱到极致就是毁灭吧。

二、于字里行间中体悟财主夫人被忽略的母性光辉

冯为民老师说："小说文本是一种非在场的语言符号系统，这样的文本只有经过各种形式的解读才能进入鲜活的生命形态，因此我们进行小说教学时需要引导学生主动走进小说自身所呈现的形象世界，去领略小说所展示的

特有的艺术魅力，上出小说教学的特质来。"①《父母的心》小说主题比较统一的看法是贫穷父母有一颗崇高的爱心。一般的教法也都围绕"三送""三要"的情节展开。"但这样解读忽略了财主夫人身上所展现的母性光辉，忽略了她对于表现作品主旨的作用。"②

为探寻财主夫人的母爱光辉，我采取从语言入手的方法。文学作品的思想感情都是含蓄的、隐蔽的，召唤性很强。教学中，紧扣语言文字，结合作者的主观情感和学生已有的知识和经验，顺着作者的思路去大胆假设，小心求证，进而推敲出作品实体语言所深蕴的真实的原始意义，这样的语文教学才是完整的、厚实的。通过这一教学设想，使学生的文本解读有了超越的可能。

师：听完这段，你怎么评价财主夫人？

生：特别的有爱心。

师：具体点。

生："不由得"是情不自禁，发自肺腑。"含着眼泪"，同情别人的处境。

师：有爱心行动吗？

生：有。孩子还给他们了，100元钱还照给。

师：有一句话，叫作爱自己孩子的是人，爱别人的孩子是神。财主夫人是爱别人的全家，就是？

生：上帝。

师：对！上帝。如果说贫穷父母是爱子之心，财主夫人则是？

生：爱人之心。

师：文中还有哪些地方能看出财主夫人的"爱人之心"？大家浏览下文本，思考下。

生："'当然行！'财主夫人高高兴兴地同意了。"这句话是对财主夫人的语言描写。

师：这句话体现了财主夫人什么样的品质？从哪些地方可以看出？

---

① 冯为民.小说教学内容的确定［J］.语文教学通讯（高中A），2011（11）.
② 叶映峰.财主夫人的母性光辉［J］.中学语文教学，2012（4）.

生：从"当然行"以及后面的惊叹号可以看出财主夫人通情达理，非常爽快。

　　师：为什么不把提示语写在前面，把财主夫人的话写在后面？

　　生：这样更能突出财主夫人毫不犹豫地决定，非常果断。

三、于结尾的"还原"中体悟作者对爱的渴望

　　其实，课堂进行到这里，似乎已经能很好地体现财主夫人的爱人之心了，但总觉得少了一把火，教材的结尾"那一家六口终于又团聚了"是喜剧，还是悲剧的开始？我发现了川端康成的原结尾竟然是："于是，那位父亲由于那位有钱的妇女帮忙，受雇于函馆的某公司，一家6口过上了好日子。"我适时出示这个结尾，"还原"出小小说的"本相"。然后——

　　师：现在你对"财主夫人"有哪些新的认识？

　　生：财主夫人为使自己的财产后继有人而需要领养一个孩子，此时，她并不真正明白"父母的心"，领养对于别人来说是剥夺。三天，三个孩子的得而复失，便有了父母的体验。不仅明白了"父母的心"，更让自己也拥有了一颗"爱人之心"，从而实现了由"风度极佳"的气质到灵魂完美的升华。

　　财主夫人"年过四十还没有孩子"，但最后她用行动展示了自己的博爱，所以，一个人是否是母亲，并不取决于她是否生育了孩子，而取决于她身上是否有平凡的母爱。妇女的生育让人类得以香火延续；而母爱却让人类成为温暖的人间。可惜的是，我们的课堂，包括"教师用书"里的一组文章都忽略了这点。

　　其实，这也符合川端康成的心理，作者15岁前五位至爱的亲人相继离开了自己，越是缺少爱的滋润，越是渴望爱的抚慰。童年的不幸，使作者从小就充满着爱的梦想和欲望。教材的结尾忽视了财主夫人善良的心、忽视了穷人的美好未来，甚至于忽视了川端康成——一个孤独症患者对于父母之爱的深情呼唤。文学作品永远是作者心灵的折射。

　　孙绍振先生说："应该有一种自觉，老师的任务，就要从学生的一望而

知指出他的一望无知,甚至再望也还是无知。"① 在课堂初始阶段,孩子们的认识也许还仅仅停留在简单的"一望而知"的"父母爱子女"的表层上,即冰山浮出水面的那一部分。这个"情节还原",补充原文的结尾,还原文本的本来面貌,尊重文本,从文本出发,在比较阅读中,通过细致和反复的阅读,对文本所蕴涵的深厚意蕴作出丰沛的阐释。

师:孩子们,你们的理解老师十分赞同。那么,贫穷父母的"父母的心"与财主夫人的"爱人之心"哪个更让你感动?

生:我认为贫穷父母十分伟大,因为那对父母如果有足够的钱去养活他们的子女,尽自己所能把最好的留给他们,这种爱是十分伟大的。但当他们无力抚养时仍对儿女不离不弃直到最后一刻的这种品质更令人心疼地折服。

生:都令人感动,财主夫人爱陌生的人,爱得那样彻底,有佛心。

师:都是人间之爱,父母的心加上爱人之心,就是整个世界。这节课我们通过小说情节的"补白"与结尾的"还原",深切体会了"爱心",原来与贫富无关,与至爱相连。下课!

"初中小说教学的实践体式主要有三种类型:主题类实践体式、形象分析类实践体式、表现手法类实践体式。"② "补白"与"还原"的实践体式属于表现手法。但它却不是孤立的存在,而是面向贫穷父母的父母的心与财主夫人的爱人之心。"在评价家的眼里,主题是关乎小说意义价值的重要命题,教师也不例外。这是因为,多数小说是以思想为目的的。阅读小说的目的不在于阅览故事的快感,更多的是让读者留在价值的层面上沉思。"③ 这节课,"表现手法""形象""主题"三者互为表里,相融一体,荡气回肠之中唱出了一曲千回百折的歌谣,这首歌谣的名字叫——《父母的心》。

---

① 孙绍振.去蔽:闽派语文根本精神[J].福建基础教育研究,2010(1).
② 林玉碧.体式思维与初中小说教学内容的确定[D].闽南师范大学,2013.
③ 褚树荣.小说教学内容的选择[J].中学语文教学,2012(2).

【现场感受】

听王老师《父母的心》的四点收获

一、识字——语文课程的重要内容

对于生字的积累,上海的二期课改后不太得重视了,然而这却是课程标准里清清楚楚写的第一个教学内容。我最近几年开始重视起来,在教学一些课文和阅读材料中会让学生圈画、抄写,但和王老师的教学比起来,功力还差很多。他先在PPT上呈现"女佣""褴褛""酬谢"等词语,让一个学生起来读。在学生对"褴褛""酬谢"的字音字形作了分析之后,王老师问学生,文中的女富人打算给穷人哪些酬谢。学生分别找出文中的语句说出了酬谢的内容,文本的内容不知不觉被牵连出来,而学生对酬谢的含义也在无形中把握住了。随后王老师又出示了"犹豫不决""难割难舍""无精打采""失魂落魄""失声痛哭"等雅词,让学生在文中圈画出来。然后他让学生根据这些词语来概述故事情节。他先让学生讲给同桌听,之后才请一位学生概述给大家听。这样处理的妙处是每个学生都用这些词语来概述了,这就在语言实践中学习了词语。这要比我们马上让一个学生起来回答有效得多。当然小说的叙事要素之一——情节也自然而然地解决了。这个一石二鸟的设计最令我敬佩。

二、补白——文本细读的有效策略

文本细读有许多方法和策略,补出作者省略的内容(留白)是十分巧妙而有趣的策略。既需要补白者仔细研读上下文,沉浸到文本之中,还能训练想象能力,并在交流时形成较活跃的课堂气氛。王老师在询问本文的文体之后,告诉学生小小说受限于篇幅,必须有所取舍,时常会省略部分内容,不写出来。他问学生第7段可能省略了什么,学生很快地答出省略了父母商量的部分。

于是老师相当自然地要求学生补出作者留白的部分。具体操作时也是有策略的。首先，学生明确要商量的内容有三部分：要不要送？送谁？谁去送？这就提供了一个框架和抓手，避免漫无目的和方向地瞎商量。其次，他让学生先在下面互相说说看，然后再请学生和他互相扮演角色来商量，引导学生进入情境。最关键的是，这样做并不只是课堂上气氛好，学生觉得有趣，而且还能让学生对父母爱子女的心有一个十分形象和深刻的感受，其效果远胜于说教和分析。

三、形式——文本语言的关注要点

王彬彬教授在讲座中反复地强调文本语言的重要性，在我看来，他说的只是内容这个方面。在当前的语文教学中，我们对文本的内容分析不是太少而是太多，相反却缺少对文本语言形式的关注。王益民老师在这节课中适时地引导学生关注语言的形式。如在分析财主夫人这个人物形象时，他问学生为什么当穷人想要用二儿子换回大儿子时，作者先写"当然行！"然后才出来提示语"财主夫人高高兴兴地同意了"。聪明的学生马上答道："这样更能突出财主夫人毫不犹豫地决定，非常果断。"英国文艺批评家克莱夫·贝尔在19世纪末就提出过"有意味的形式"理论。他指出，作品的各部分排列、组合的独特"形式"是"有意味"的，它主宰着作品，能够唤起人们的审美情感。所谓的品词析句不应该只是深究词句的内涵有多深，用这个字那个词好在哪里，还应思考词句这样排列、组合的形式有何"意味"，这也是语文老师专业性的体现。

四、舍得——课堂教学的必要认识

王老师这堂课的容量十分大，却能稳步推进，及时完成教学任务。我觉得很重要的一个原因是他做到了收放自如。该让学生活动时就给他们时间做，该自己讲授时就直接讲出来，也不用都要问学生。这样的处理方式和余映潮老师有些相像。余老师的很多设计都是十分明确地安排好学生的活动时间和教师的时间。教师的解读成果经常会在环节小结或全课总结时全部呈现出来，当然前提是学生已经实践过相关的活动了。有舍才有得，只有在教学中放弃一些东西，才有可能收获更多。

（默存，源自 http://blog.sina.com.cn/s/blog_4a2b90890102v8z5.html）

【专家点评】

情节：百转千回的父母之爱

小说的内容如何确定？确定哪些教学内容？王益民老师用《父母的心》一课，诠释了自己的理解。

一方面，小说教学首先是一个文学活动——小说阅读。文学活动存在于"作家—作品—读者"这个动态流程中。另一方面，小说教学又是一个教学活动。也就是说，小说一旦进入了教学情境，就不仅有原生价值（传播信息的价值）了，而是成了具有教学价值（如何传播信息的信息）的教材，成了师生共同面对的阅读文本。

小说的文体特征，绕不开的是人物、环境、情节。但是，并非每部小说都有所有"可以教的内容"面面俱到学习的必要。孙绍振先生在《解读川端康成的〈父母的心〉》一文中指出："作者的用力全不在于形容，而在于故事的结构，反反复复，再三反悔，不成理由的理由，蕴含着叠加和对比。"我们观察这节课，发现王老师在教学内容的选择上，侧重于"情节"，可以说是紧扣小说的这一特征展开教学，而不旁生冗枝。

围绕这一确定的教学内容，王老师主要安排了两个流程：情节补白、情节还原。

一、情节补白——此时无声胜有声

王老师这样来实施：

PPT呈现第6段："'这可得谢谢啦……'那位父亲嘴上虽然这么说，但脸上的表情却十分犹豫。最后,他告诉女佣,这事得和孩子的妈妈商量之后才能决定。"

王老师请同学读这段文字后,让学生思考:从后面的情节来看,省略了什么情节?引导学生揣摩文本空白处——"商量"。为避免学生乱"商量",教者还引导学生明确从三个角度去研读:送不送?送谁?谁去送?这就使生生互动有了一定的方向性。

文学理论告诉我们,作家写出的只是文本,文本潜在包含着许多"不确定性"和"空白",而它们的意义确定,必须依靠读者的阅读来具体化,把文本转变为作品。作品的价值是作家和读者共同创造的,读者成了文学活动中最活跃的主体。在这个教学过程中,王老师通过同伴互助、师生合作的方式,使学生在演读对话中理解了作者情节设置的匠心所在:这个"商量",显得婆婆妈妈,非常牵强,很笨拙,欲盖弥彰,但正是这样明显的笨拙,才显示出父母与孩子的感情之深。学生作为一般读者,在进行情感审美的阅读;作为学习的主体,又在不知不觉中领略了小说矛盾设置的高妙。从第一次的商量"充满着理性",到第四次已经"不讲道理"了,学生不仅欣赏到情节一波三折的魅力,也在这个对话细节的品读中,获得了"任何外在的因素,包括巨大的利益诱惑和灾难似的贫穷都无法战胜这种美好的天性"的情感体验。

当然,在这里我们还可以思考的是,既然是留白艺术,就不能仅仅懂得"补白",更要懂得,原文没有将这些空白处填满,是使文学作品达到了"此时无声胜有声"的境界,表达起来也更加含蓄内敛,有张力。

二、情节还原——冰山下的八分之七

有两个亮点:

一是,引领学生体悟财主夫人的"父母的心"。这一教学环节出乎意料,但又牵一发而动全身,为下面引导学生深度解读文本张目。一般而言,读者都会留意到贫穷的夫妇拥有的"父母的心",却缺少向青草更青处漫溯的阅读智慧,去思考财主夫人是否也有"父母的心"。止步于此,我们的文本解读是残缺的,片面的。至少说,文本中的信息并未被我们足够重视。文学作品的思想感情都是含蓄的、隐蔽的,召唤性很强。教学中,要紧扣语言文字,紧扣文本特点,结合作者的主观情感和学生已有的知识和经验,顺着作者的思路去大胆假设,小心求证,进而推敲出作品实体语言所深蕴的真实的原始意义。这样的语文教学才是完整的,厚实的。这一教学流程,使得学生的文本解读有了超越的可能。

二是下面这个教学片段:

师:财主夫人说完这段话后,小说也就结尾了——(屏显:那一家六口终于又团聚了。)这个结尾好吗?

生:好,这个结尾留有了一定悬念,而"终于"一词看出一家人经历波折最后团聚,写得很好。

师:但是,川端康成的真实的结尾不是这样的,想知道吗?

生:想!

(屏显。)

川端康成原文结尾:"于是,那位父亲由于那位有钱的妇女帮忙,受雇于函馆的某公司,一家6口过上了好日子。"

在这个过程中,师生再次对文本情节经历了由"结"到"解"的解读过程,并有了新的认识:财主夫人为使自己的财产后继有人而需要领养一个孩子,此时,她并不真正明白"父母的心",领养对于别人来说,是剥夺。三天,三个孩子的得而复失,便有了父母的体验。不仅明白了"父母的心",更让自己也拥有了一颗"父母的心",从而实现了由"风度极佳"的气质到灵魂完美的升华。

课上到这儿,我不禁为之暗暗喝彩。美国作家海明威提出的冰山理论告诉我们,人的语言对于人的思想的表达就好像冰山一样,只有八分之一在水上面,有八分之七在水下。孙绍振先生说:"应该有一种自觉,老师的任务,就要从学生的一望而知指出他的一望无知,甚至再望也还是无知。"在课堂初始阶段,孩子们的认识也许还仅仅停留在简单的"一望而知"的"父母爱子女"的表层上,即冰山浮出水面的那一部分。王老师的这个"情节还原",补充原文的结尾,还原文本的本来面貌,尊重文本,从文本出发,在比较阅读中,通过细致和反复的阅读,对文本所蕴涵的深厚意蕴作出了丰沛的阐释。

在这个时候,王老师恰当地补充了一些背景资料:

2岁,父亲病逝;3岁,母亲仙驾;7岁,祖母离世;10岁时,唯一的姐姐去世;15岁,祖父辞世——彻底的孤儿。

孔子曰:不愤不启,不悱不发。背景资料的适时补充,为学生加深文本解读能力提供了必要的支撑,因而在讨论是"课文结尾好"还是"原文结尾好"时,一个孩子的回答堪称精彩。

正是由于川端康成有这样一些不幸的人生遭遇,因而他才在作品的最后设计了一个圆满的大团圆的结局。所以,原文结尾更好,更贴近作者的内心世界。

王老师和学生一起透过跳跃的、鲜活的文字,理解了文本背后所隐含的意义,体察到了作者文字背后那些无法言说的深层原因,感受到了艺术的魅力。因此可以说,他们读到了冰山下的那"八分之七"。

走在秋天的落叶里,我们听到了文字的声音,听到了心底美妙的旋律。王益民老师的课,演绎了一曲百转千回的歌,这首歌的名字叫《父母的心》。

(梁增红,特级教师,江苏省常州市第24中学)

后 记

本书主体部分有两块：一块是"理念篇"，共有四篇文章，分别回答了什么是好课，好课的理想状态是怎样的，好课是如何练就的，如何去阅读好课。还有一块是"实践篇"，九个"课例"是著者在不同城市的语文活动中展示的公开课，是实践检验过的"产品"。从文本文体的角度来看，有散文2篇，小说1篇，诗、词各1篇，文言文1篇，说明文1篇，议论文1篇，写作1篇，基本涵盖了初中教材中出现的文体。从文本作者国别的角度来看（"写作"课例除外），外国作家作品3篇，中国作家作品5篇（古代1篇，现当代2篇，台湾作家2篇）。从上课时间来看，2016年5篇，2015年1篇，2014年3篇。课例是按照上课的时间由近及远排列的。

每个课例组成一个单元，每个单元由四个部分组成：课堂实录、教后反思、现场感受、专家点评。四个部分，功能不同却互相支撑。

每则课堂实录都注明了（上课）"时间""地点""班级""活动"等要素，是对学生、学校、主办者和后来的读者的尊重。因为大部分是"借班上课"，我几乎每节课一开始都在问同样一个问题："你们是哪个班？"听课老师多次提到我在课堂上"弯下身子""蹲下身子"。其实，作为新课程改革的一个基础，民主与平等更多地体现在老师的举手投足和眼眉之间。

每个单元都有笔者自己的"反思"，这是一位实践者对于自己课堂的结构与细节的一次次真实的观照。如果说"实录"是"是这样"，那么"反思"就是"为什么是这样"。

还有一个板块，是"现场感受"，当初众多听课者中有一人站出来"有话要说"。我敢肯定，基于现场"骨感"强烈的文字一定会带你再次走进课堂，随同他/她去浏览课堂别样的"风景"。我时常感动于这样生动的文字，让人身临其境，青年才俊们毫不掩饰自己对课的"好感"，笔到之处，直抵课的核心。

当然，名师的评课是本书的又一重要板块，说"重要"，不是因为有余映潮等语文权威为笔者呐喊，也不是因为有王君、肖培东等新生代名师为笔者助威，而是因为他们在帮助我们读懂课堂，并能生发开去，进入课堂的深处，一起感受课堂气质。如钟启泉老师所言："读懂课堂，将使教师的教育生涯拥有时代的价值和专业的智慧。"

每个单元的前面均有一段"提要"，相当于论文的"摘要"，能让读者一眼看出"这一篇"教学的概貌，算是一个"总起"吧。

说完了这一些，不得不提一下成书的过程中太多人给予的帮助，他们中有德高望重的语文前辈，还有近年来活跃在中语界的语文名师以及教研员。他们不嫌我浅陋，拨冗为我撰写评点文字，所言均有"拔高"之意，这是一种特殊的关爱，也是他们心目中好课样态的不经意的流露。

还有各位"现场"的朋友，他们是语文界的翘楚，基于现场，能更真实地说出观课后最初的感受，这是一段珍贵的资料，也是一段友情的见证；可惜，还有一位老师我还不知道他确切的学校，甚至真实的姓名，但我们拥有一个共同的名字：语文人。

大体成书后，我还把书稿分成20份，请我工作室的伙伴们，以及省内外的语文爱好者帮我一一校对，他们"较真"的程度让我难以忘怀。

更令人感动的是，顾之川先生在年关到来的繁忙之际，欣然接受了我的邀请，为书稿作序，鼓励之语，是一位语文前辈对我的关爱与呵护，更从专业的视野打量着我的课例和我的语文好课观，素昧平生，这得有怎样的胸怀？

当然，还有各位编辑朋友，他们的付出让拙著少了一点"误人子弟"的可能。

谢谢你们，我们的相遇是精神的际会，从此我又多了一份前行的力量和自省的理由。

2017年11月17日修改

图书在版编目（CIP）数据

相遇语文好课：好学好用的课堂教学艺术／王益民著．—上海：华东师范大学出版社，2017

ISBN 978-7-5675-6808-2

Ⅰ.①相… Ⅱ.①王… Ⅲ.①语文课—课堂教学—教学研究—中小学 Ⅳ.① G633.302

中国版本图书馆 CIP 数据核字（2017）第 197629 号

大夏书系·语文之道

相遇语文好课
——好学好用的课堂教学艺术

著　　者	王益民
策划编辑	李永梅　卢风保
审读编辑	卢风保
封面设计	张　婧

出版发行	华东师范大学出版社
社　　址	上海市中山北路 3663 号　邮编　200062
网　　址	www.ecnupress.com.cn
电　　话	021-60821666　行政传真　021-62572105
客服电话	021-62865537
邮购电话	021-62869887　地址　上海市中山北路 3663 号华东师范大学校内先锋路口
网　　店	http：//hdsdcbs.tmall.com

印 刷 者	北京季蜂印刷有限公司
开　　本	700×1000　16 开
插　　页	1
印　　张	15
字　　数	230 千字
版　　次	2017 年 12 月第一版
印　　次	2021 年 5 月第三次
印　　数	8 101-10 100
书　　号	ISBN 978-7-5675-6808-2/G·10562
定　　价	45.00 元

出版人　王　焰

（如发现本版图书有印订质量问题，请寄回本社市场部调换或电话 021-62865537 联系）